# PREMIER SUPPLÉMENT

AU

# RÉSUMÉ ANALYTIQUE

DES

# LOIS ET RÉGLEMENTS

# DES DOUANES,

PAR

**M. FASQUEL,**

INSPECTEUR DES FINANCES, CHEVALIER DE LA LÉGION D'HONNEUR.

PRIX : { SUPPLÉMENT . . . . . . 2 50
RÉSUMÉ ET SUPPLÉMENT. 10 50

A PARIS,

CHEZ BENARD, à la Librairie du Commerce, rue Sainte-Anne, 71;

**ET A BORDEAUX,**

CHEZ LAWALLE neveu, Libraire, allées de Tourny, 20.

1837

Paris. Imprimerie de Paul Dupont et Cie.
Rue de Grenelle-Saint-Honoré, n. 55.

# AVERTISSEMENT.

On publie, comme on l'a précédemment annoncé, le premier Supplément au *Résumé analytique des lois et réglements des douanes.*

Ce Supplément ne présente pas seulement les changements, ou modifications, survenus dans la législation des douanes pendant l'année 1836, il contient aussi des additions, qui, en rendant le *Résumé* plus complet, lui donnent un nouveau degré d'intérêt.

Lors de la publication de cet ouvrage, en 1836, le temps a manqué pour collationner les épreuves avec tout le soin que l'on eût voulu y apporter; des fautes typographiques et plusieurs erreurs de dates sont restées inaperçues. Des indications données dans le *Supplément* offrent le moyen de corriger ces imperfections.

Chaque année on continuera à améliorer de la sorte un Recueil dont l'utilité paraît être, aujourd'hui, généralement reconnue.

La liaison entre l'ouvrage et son Supplément a été établie de la manière suivante : on a rappelé, à côté du N° d'ordre du Supplément, le N° de l'article du Résumé qui se trouve modifié ou changé, ou auquel il a été fait une addition de quelques dispositions confirmatives. Il suffira donc de porter à côté du N° cité, celui du Supplément où la disposition nouvelle se trouve indiquée. Quelques articles qui n'existaient pas dans le *Résumé* y prennent un N° *bis*, à la place que leur assigne l'ordre adopté pour le classement des matières.

L'avantage d'avoir, ainsi, la législation mise au courant jusqu'au 1er janvier 1837, ne pourra manquer d'être apprécié par les personnes qui ont des rapports avec les douanes, et par les agents de l'administration.

## ABRÉVIATIONS.

| | |
|---|---|
| *Art.* | Article. |
| *Ordon.* | Ordonnance. |
| *Circ.* | Circulaire. |
| *Déc. minist.* | Décision ministérielle. |
| *Arr. de cass.* | Arrêt de la Cour de Cassation. |
| *Déc. admin.* | Décision administrative. |
| *Lett. admin.* | Lettre administrative. |
| *Tar. off.* | Tarif officiel. |
| *Circ. manus.* | Circulaire manuscrite. |

# PREMIER SUPPLÉMENT

AU

# RÉSUMÉ ANALYTIQUE

# DES LOIS ET RÉGLEMENTS

# DES DOUANES.

## TITRE Ier.

### ORGANISATION DE L'ADMINISTRATION A PARIS ET DANS LES DÉPARTEMENTS.

*Changements, ou modifications, survenus en* 1836.

ORGANISATION DANS LES DÉPARTEMENTS.

1—14. Dans la hiérarchie des grades, les aides-vérificateurs prennent rang immédiatement après les receveurs aux déclarations. (*Circ. du* 29 *décembre* 1836, *n°* 1594.)

*Additions et rectifications.*

ADMINISTRATION SUPÉRIEURE.

2—1. Au lieu de : Ordonnance du 15 janvier, lire : Ordonn. du 5 janvier.

DIRECTIONS.

3—9. Le chef-lieu de la direction autrefois établi à *Thionville* a été transféré à *Metz*, à partir du 1er juin 1836. (*Circ. n°* 1547.)

4—14. A la première ligne, après les mots : *Sont tous*, ajouter : Sauf les inspecteurs et les receveurs principaux ayant un traitement de 4000 fr. et au-dessus, etc.

## TITRE II.

### PLACEMENT DES POSTES ET BUREAUX.

*Changements, ou modifications, survenus en* 1826.

Néant.

*Additions et rectifications.*

BUREAUX CRÉÉS OU SUPPRIMÉS.

5—18. Ajouter à la fin de cet article : avec l'avis du directeur de l'administration.

6—20. La défense de saisir avant le délai de deux mois ne s'applique pas à l'établissement d'une nouvelle ligne, mais seulement au cas particulier où un bureau est établi par supplément à ceux qui déjà existent. (*Circ. du* 27 *juin* 1814.)

7—22. Ajouter à la fin de l'article : La nullité, toutefois, ne frapperait pas un procès-verbal constatant la saisie de marchandises prohibées ou de marchandises tarifées dont l'entrée serait interdite par le bureau que l'on aurait dépassé.

## LIGNES FRONTIÈRES.

8—23. Au lieu de : 8 floréal an 2, lire : 8 floréal an 11.

9—23. La distance du lieu de la saisie au territoire étranger se mesure par la ligne droite, non sur une surface montagneuse, mais sur un plan parfaitement horizontal et sans avoir égard aux sinuosités de la route. (*Arr. de cass. du* 28 *juillet* 1806.)

## DOUANES INTÉRIEURES.

10—26. A la seconde ligne, au lieu de : Voir n° 694, lire . 692.

## MAISONS ET TERRAINS NÉCESSAIRES AU SERVICE.

11—27. Lorsqu'il y a impossibilité absolue de se procurer des locaux qui soient vacans ou loués, une partie du local tenu par un propriétaire est provisoirement affectée au service des *bureaux* et au logement des *préposés* des douanes. (*Décret du* 19 *décembre* 1797, *art.* 2.)

12—27. Au lieu de 17 septembre 1822, lire : 17 septembre 1823. (*Circ. manuscrite du* 14 *septembre* 1833.)

13—28. Aux titres cités ajouter : Circ. du 7 janvier 1798. (L'arrêté est du 19 décembre au lieu du 9 décembre.)

14—30. Ajouter par *nota :* Ce point de la législation a été particulièrement réglé par un arrêté du 17 février 1803. (*Voir la circ. du* 23 *avril* 1803.)

15—33. Il y a toutefois exception à la règle qui exempte les employés de toute contribution, relativement à la partie du logement occupée par le receveur, laquelle est soumise à l'impôt des portes et fenêtres. (*Idem.*)

16—34. Au titre cité, ajouter : Circ. du 10 janvier 1817.

## POLICE DES BUREAUX.

17—37. A la cinquième ligne, mettre : *six* heures du soir, au lieu de *cinq ;* et titre 13 au lieu de titre 3.

18—37. Les bureaux ne sont pas ouverts les dimanches ni les jours fériés reconnus par la loi de l'état. (*Loi du* 8 *avril* 1802, *art.* 57, *et loi du* 18 *novembre* 1814, *art.* 1er.)

## RESPONSABILITÉ DES COMMUNES.

19—40. Les communes sont encore responsables des délits commis lors de l'échouement ou du naufrage d'un navire, lorsqu'elles ne justifient pas qu'elles ont pris les mesures convenables pour les réprimer. (*Arrêté du gouvernement du* 27 *thermidor an* 7, *art.* 7.)

20—40. Elles sont responsables aussi, vis-à-vis des préposés, de leurs veuves et de leurs enfans, lorsque, par suite de rassemblement ou d'attroupement, les préposés, qu'ils soient ou non domiciliés dans cette commune, y ont été pillés, maltraités ou homicidés. (*Loi du* 10 *vendémiaire an* 4, *art.* 6 *; arrêtés du gouvernement du* 8 *nivose an* 6 *et* 4e *complémentaire an* 11, *art.* 14. *Voir également la circ. du* 19 *frimaire an* 7.)

21—42. Aux titres cités ajouter : Arrêt de cassation du 9 décembre 1806.

# TITRE III.

## ÉTABLISSEMENT DES DROITS ET PERCEPTION.

*Changements, ou modifications, survenus en* 1836.

### RÈGLES GÉNÉRALES.

22—48. Des ordonnances royales peuvent autoriser, sauf révocation en cas d'abus, l'importation temporaire de produits étrangers destinés à être fabriqués ou à recevoir en France un complément de main-d'œuvre, et que l'on s'engage à réexporter ou à rétablir en entrepôt, dans un délai qui ne peut excéder six mois, et ce, en remplissant les formalités et conditions déterminées, et sous les peines établies en cas de non réexportation, ou de non rétablissement en entrepôt. (*Loi du 5 juillet* 1836, *art.* 5.)

23—48. Des ordonnances du roi peuvent déterminer les bureaux de douanes qui seront ouverts au transit ou à l'importation et à l'exportation de certaines marchandises, sans qu'il puisse être dérogé, toutefois, à ce qui est prescrit par l'art. 22 de la loi du 28 avril 1816. Voir le n° 408 du résumé. (*Loi du 5 juillet* 1836, *art.* 4.)

24—48. Le mode d'établir la jauge des navires du commerce peut être modifié par des ordonnances du roi afin d'en rapprocher les résultats de ceux que produit la méthode adoptée par les autres pays de grande navigation. Toutefois, les réductions de tonnage qui peuvent résulter de ce nouveau mode, ne peuvent changer la condition actuelle des navires de pêche relativement aux avantages dont ils jouissent d'après la contenance que leur donne la loi du 12 nivose an 2. (*Loi du 5 juillet* 1836, *art.* 6.)

25—48. Des ordonnances du roi peuvent dispenser de la formalité du plombage, dans tous les cas où elle est exigée, les marchandises dirigées sur un entrepôt intérieur, soit qu'elles soient expédiées d'un port, ou d'un autre entrepôt maritime ou intérieur. (*Loi du 2 juillet* 1836, *art.* 20.)

*Additions et rectifications.*

### ÉTABLISSEMENT DES DROITS.

26—44. Le tarif des droits de douanes à percevoir à l'entrée et à la sortie doit être publié par l'administration. Il est soumis préalablement à l'approbation du ministre des finances. (*Lois des* 1er *février* 1791 *et* 28 *ventose an* 12.)

27—45. Le titre en vertu duquel a lieu la perception des droits doit être indiqué dans chaque acquit de paiement; les employés en justifient, s'ils en sont requis, en exhibant le tarif. (*Loi du* 22 *août* 1791, *titre* 13, *art.* 29.)

28—45. Si les redevables jugent que le tarif n'est pas conforme à la loi, ils ont leur recours contre l'administration. (*Arrêté ministériel du* 1er *octobre* 1822.)

29—46. A la première ligne après le mot *modifier*, ajouter : Provisoirement et en cas d'urgence ;

A la cinquième ligne, mettre après les mots : *du sol*, ceux-ci : et de l'industrie nationale et déterminer les droits auxquels ils seront assujettis ;

A la huitième ligne ajouter : Suspendre pour certaines localités la prohibition de sortie *des bois de sapin*, *des perches*, *des charbons de bois* et *des écorces à tan*. (*Loi du 7 juin* 1820, *art.* 3.)

30—46. Les ordonnances rendues d'après l'art. 34 de la loi du 17 décembre 1814 déterminent, suivant les provenances, l'époque à laquelle doivent commencer à être appliquées les augmentations ou diminutions de droits, ainsi que les prohibitions qu'elles ont prononcées. Elles ne sont exécutoires qu'après leur insertion au Bulletin des lois. (*Loi du 7 juin* 1820, *art.* 2.)

31—48. A la première ligne de la page 9, après ces mots : *De la demi-lieue*, ajouter : *de la frontière la plus rapprochée.* Et après le mot *bestiaux* mettre : Le roi peut également déterminer les bureaux de douanes par lesquels il est permis d'introduire les bestiaux au minimum des droits, lorsque les droits sont différens pour une même espèce.

32—49. Au titre cité ajouter : loi du 1er août 1792.

33—52. Au lieu de : 3 avril, mettre 3 août.

34—53. Au lieu de : titre 1er, art. 5 ; mettre : titre 13, art. 29.

## PROMULGATION DES LOIS ET ORDONNANCES.

35—58. Au lieu de : Arrêté du 13 août 1803, mettre : Circulaire, n° 255, du 11 mars 1817.

## DISPOSITION SUR L'EXÉCUTION DES LOIS ET RÉGLEMENS.

36—62. Lorsque le sens des actes administratifs est clair, les tribunaux doivent les appliquer et les faire exécuter. (*Arr. de cass. des* 20 *juillet* et 8 *décembre* 1835.)

Ils ne peuvent improuver un acte de l'autorité administrative. (*Arr. de cass. du* 8 *novembre* 1805.)

37—63. Aux titres cités ajouter : Arr. de cass. des 27 octobre 1798 ; 27 juillet 1800 ; 11 juin 1818 ; 28 juillet 1820 ; 6 septembre 1821.

Les juges ne peuvent ni modérer, ni se dispenser de prononcer l'*amende* et l'*emprisonnement*, lorsqu'ils ont reconnu la fraude et prononcé la confiscation des objets saisis. (*Arr. de cass. du* 16 *novembre* 1798.)

Ils ne le peuvent pas davantage, sous le prétexte que le prévenu est âgé de moins de 16 ans. (*Arr. de cass. du* 15 *avril* 1819.)

38—64. Au lieu de : 14 fructidor an 4, mettre : 14 fructidor an 10. (*Voir n°* 1991.)

39—66 *bis*. Les pères et mères sont responsables de leurs enfans mineurs demeurant chez eux, quant aux condamnations civiles, à moins qu'ils ne prouvent qu'ils n'ont pu empêcher les contraventions. (*Arr. de cass. du* 6 *juin* 1811.)

40—68. Après les titres cités, mettre : Voir n° 466 et suivans.

41—68 *bis*. Les objets saisis pour fraude ou confisqués ne peuvent être revendiqués par les propriétaires ; ceux-ci ont leur recours contre les auteurs de la fraude. (*Arr. de cass. du* 28 *octobre* 1798.)

# TITRE IV.

## POLICE DES COTES ET FRONTIÈRES.

*Changements, ou modifications, survenus en* 1836.

### POLICE EN DEÇA DES COTES.

42—81. La *poursuite à vue* peut être constatée par un seul préposé; le concours de deux employés n'est nécessaire que pour constater la saisie des marchandises. (*Arr. de cass. du* 23 *août* 1836; *circ. du* 23 *octobre* 1836, *n°* 1573.)

### VISITES A L'ENTRÉE.

43—82. Les capitaines, dès que les préposés abordent leur navire, doivent présenter le journal de bord dont ils sont pourvus. Le chef, ou l'un des préposés de brigades, vise ce journal au bas de la dernière ligne d'écriture. (*Loi du* 2 *juillet* 1836, *art.* 7, *circ. n°* 1554.)

*Additions et rectifications.*

### POLICE DANS LES 4 LIEUES DES COTES.

44—Page 12. Après la quatrième ligne : Les bords des fleuves, rivières et canaux où les eaux de la mer refluent, ne peuvent être considérés comme côtes maritimes. (*Arr. de cass. du* 5 *août* 1802.)

45—74. Au lieu de : titre 2, art. 7 et 8, mettre : titre 2, art. 3; et au renvoi, après les mots : visite à bord, ajouter : dans le rayon maritime.

46—76. Les procès-verbaux doivent établir, en cas de saisie dans les 2 myriamètres des côtes, si le bâtiment a été *surpris* à l'ancre ou louvoyant, sans que ni sa destination ni aucune force majeure ne nécessitât la manœuvre faite, et sa présence dans le rayon maritime. (*Loi du* 27 *mars* 1817, *art* 13; *arr. de cass. du* 16 *décembre* 1835.)

47—80. Terminer cet article ainsi : ou des contributions indirectes.

### VISITES DES BATIMENTS DANS LES PORTS ET RADES.

48—85. Au lieu de : Arrêts de cassation, lire : Circulaire.

49—Page 13, renvoi (1). La douane, d'après l'article 10 du titre 13 de la loi du 22 août 1791, a le droit de requérir les commandans et capitaines des bâtiments de l'état de les accompagner dans les visites à bord, ce que ceux-ci ne peuvent refuser à peine de 500 fr. d'amende.

### POLICE PARTICULIÈRE DANS LES 2 KILOMÈTRES ET 1/2 DE LA FRONTIÈRE.

50—92. En note, au lieu de : Circul. du 20 août, lire : Circ. du 21 août.

### FABRIQUES ET USINES.

51—97. La population des hameaux et écarts ne concourt pas à former le nombre de 2,000 habitans; il faut que ce nombre se trouve, au moins, dans l'enceinte même du lieu où l'on veut établir des entrepôts. (*Décret du* 1er *vendémiaire an* 4, *circ. du* 11 *octobre* 1795.)

DÉPOTS ET ENTREPOTS.

52—103. Au lieu de : Arrêt du 8 novembre, lire : Arrêt du 18 novembre.

53—105. Au lieu de : Arrêté, lire : Arrêt de cassation.

54—108. Le titre cité doit être remplacé ainsi : Loi du 22 août 1791, titre 4, art. 8, et loi du 28 avril 1816, art. 41 et 42.

CIRCULATION DANS LES DEUX MYRIAMÈTRES FORMANT LA LIGNE DES DOUANES.

55—117. Aux titres cités ajouter : Loi du 28 avril 1816, art. 38, 41 et 42.

56—126. Au lieu du n° de renvoi 192, lire : 92.

# TITRE V.

## IMPORTATIONS PAR MER.

*Changements, ou modifications, survenus en* 1836.

MANIFESTES.

57—134. Au titre cité ajouter : *Loi du* 2 *juillet* 1836, *art.* 7.

DÉCLARATIONS.

58—168. Au titre cité ajouter : *Loi du* 2 *juillet* 1836, *art.* 7.

59—173. Abrogé. (*Loi du* 2 *juillet* 1836, *sect.* 1re, *circ. n°* 1550.)

60—176. Après le titre cité ajouter : Voir pour les *vêtements neufs confectionnés*, le n° 1342.

OBJETS A DIRIGER SUR PARIS.

6.—217 et 218. Remplacer les articles 217 et 213 par celui-ci : A moins qu'il ne s'agisse d'objets qui ne seraient pas destinés à entrer immédiatement en consommation ou qui devraient être réexpédiés de Paris sur d'autres points, on dirige sur la douane de Paris, soit d'office, soit en vertu d'autorisation de l'administra- ·on : 1° les livres et gravures ; 2° les armes ; 3° les marchandises invendues à l'étranger dont la réimportation est autorisée ; 4° l'argenterie et autres effets des personnes venant habiter temporairement la France ; 5° les objets adressés au roi, aux membres de la famille royale ou aux ministres ; 6° ceux envoyés aux ambassadeurs ou autres membres du corps diplomatique accrédités près le gouvernement (voir l'exception portée à la circul. n° 1526) ; 7° ceux destinés aux établissemens publics de la capitale ; 8° enfin tous ceux qui sont expédiés de la frontière sur Paris, dans les cas prévus par la circulaire du 10 septembre 1817. On se sert exclusivement pour ces expéditions des acquits-à-caution 50 *bis* ou 51, selon que l'objet est ou non prohibé. (*Circ. du* 3 *février* 1836, *n°* 1526.)

PRÉEMPTION.

62—233. Lorsque la vérification des laines importées n'a pu être faite dans les trois jours de la déclaration (72 heures après sa remise en douane), le déclarant a le droit de modifier sa déclaration quant à la valeur. (*Loi du 2 juillet* 1836, *et circ. n°* 1550.)

Les employés doivent constater sur les déclarations, l'heure à laquelle le dépôt en douane a eu lieu. Ils sont tenus aussi d'indiquer à leur carnet, le jour et l'heure de la clôture de la vérification. (*Circ. du* 16 *juillet* 1836, *n°* 1550.)

## TARES.

63—247. Les marchandises en vrac, lors même qu'elles sont taxées au *brut*, ne paient aucun droit sur les emballages ou récipients quelconques dont on ferait usage pour faciliter la pesée en douane, si ces emballages sont tirés de l'intérieur. (*Décis. minist.*; *circ. du* 26 *octobre* 1836, *n°* 1575.)

## CHAPITRE VIII BIS.—SURTAXE DE NAVIGATION.

52 A.—246 *bis*. Lorsqu'aucune loi ni ordonnance n'établit de distinction entre ce qui arrive par navire français et ce qui est importé par navire étranger et par terre, il est ajouté, pour ces dernières importations, sur les marchandises tarifées *au poids*, une surtaxe dite *de navigation*, fixée, sur le principal du droit, comme suit:

1° Jusques et y compris 50 fr., le dixième de ce même droit;

2° De 50 fr. jusques et y compris 300 fr., le vingtième de cette seconde partie du droit.

Nulle augmentation n'affecte le surplus.

(*Lois des* 28 *avril* 1816, *art.* 7, *et* 27 *mars* 1817, *art.* 3; *Circ. du* 1er *mai* 1816, 20 *juin* 1817, *et* 15 *juillet* 1834, *n°* 1449.)

## RESTRICTIONS AUX IMPORTATIONS.

64—259. Ajouter aux titres cités: *Loi du* 2 *juillet* 1836, *section* 1re.

65—260. Ajouter aux titres cités: *Loi du* 2 *juillet* 1836, *section* 1re.

66—262 *bis*. L'application des droits réduits pour la nacre bâtarde et les oreilles de mer, n'a lieu que dans les ports de *Marseille*, *Bordeaux*, *Nantes*, *le Havre*, *Rouen*, *Calais* et *Dunkerque*. (*Loi du* 2 *juillet* 1836.)

67—262 *ter*. Les fers travaillés au bois et au marteau ne peuvent être admis, qu'autant qu'ils sont importés par les ports que désigne le tableau officiel des droits d'entrée et de sortie publié par l'administration. (*Loi du* 2 *juillet* 1836, *circ. n°* 1550.)

68—265. Après la circulaire citée, ajouter: *Loi du* 2 *juillet* 1836, *section* 1re, *circ. n°* 1550.

69—267. Aux titres cités ajouter: *Loi du* 2 *juillet* 1836, *section* 1re.

## PRODUITS DE L'ASIE, DE L'AFRIQUE ET DE L'AMÉRIQUE.

70—265. Faire précéder le titre cité de ces mots: Ordonnance du 8 juillet 1834.

71—265. Les foulards de l'Inde imprimés sont affranchis de la restriction mise à leur admission, pour la consommation, par le traité du 26 janvier 1826 et par l'ordonnance du 8 février suivant. (*Ordonn. du* 25 *août* 1836, *circ. n°* 1563.)

72—268. La restriction de poids établie par cet article à l'égard des toiles, instrumens, outils, etc., cesse d'être imposée au commerce. Toutefois, on ne peut mélanger, dans les mêmes colis, les toiles et outils d'espèces soumises à des droits différens. (*Ordonn. du* 31 *octobre* 1836, *circ. n°* 1577.)

## CHAPITRE XI BIS—IMPORTATIONS FAVORISÉES PAR DES TRAITÉS.

73—268 *bis*. Les produits du sol et des manufactures du *Mecklembourg*, importés directement en France par navires mecklembourgeois, sont exempts de la surtaxe établie par l'art. 7 de la loi du 28 avril 1816 (voir n° 246 bis), lorsque l'origine des produits est justifiée par certificats délivrés, pour chaque marchandise, par le consul français, ou, à son défaut, par le magistrat du lieu.

La nature et la quantité annuelle des produits à admettre en France, aux conditions ci-dessus, sont spécifiées dans un tableau particulier. Cette quantité est indéterminée pour les céréales et les bois de construction. (*Traité de commerce du* 19 *juillet* 1836, *art.* 2; *ordonn. du* 19 *septembre* 1836, *et circ. n*[os] 1567 *et* 1582.)

*Nota*. Ce tableau est joint à la convention.

### SAUVETAGES.

74—299. A la nomenclature des consuls il faut ajouter: 10° pour les consuls *mecklembourgeois*. (*Convention du* 19 *juillet* 1836, *circ. n°* 1567.)

### INTRODUCTIONS EN FRAUDE ET EN CONTREBANDE.

75—333. Les marchandises à l'égard desquelles la prohibition est remplacée par des droits (1), continuent d'être soumises aux dispositions des articles 38, 39, 41, 42, 43, 44, 45, 46, 47, 48, 51, 52, 53 de la loi du 28 avril 1816, et 34, 35, 36 et 37, de la loi du 21 avril 1818. (*Loi du* 5 *juillet* 1836, *art.* 3, *circ. n°* 1556.)

*Additions et rectifications.*

### MANIFESTE.

76—146. Ajouter au titre cité : loi du 22 août 1791, titre 2, art. 22.

### MARCHANDISES PROHIBÉES IMPORTÉES ACCIDENTELLEMENT.

77—152. Au lieu de: voir n° 515, lire 315; et mettre art. 17 au lieu de : art. 7.

### RAPPORT DE MER.

78—162. Aux titres cités ajouter: Circ. du 16 décembre 1818.

79—165. Toutes les fois qu'un capitaine déclare avoir fait des avaries, le commis principal à la navigation, ou le receveur, ne doit pas se borner à recevoir cette simple déclaration; il doit encore interroger ce capitaine, ainsi que les gens de l'équipage, sur les circonstances de l'événement qui a occasionné l'avarie, et consigner avec soin leurs dires dans le rapport de mer. Il faut, en outre, s'assurer, par l'examen du livre de bord, et par la reconnaissance de l'état du navire, du degré de confiance que méritent les déclarations du capitaine. (*Lett. admin. du* 29 *juin* 1836.)

80—187. Il faut: Circulaire du 3 août 1822, n° 743, au lieu de: Circ. du 3 août 1832, n° 473.

---

(1) La circulaire n° 1550 explique que les marchandises pour lesquelles la loi du 5 juillet lève les prohibitions sont: 1° les applications sur tulle d'ouvrages en dentelle de fil; 2° les ouvrages en cuivre ou en laiton simplement tournés; 3° la poterie d'étain; 4° les boutons de toutes sortes autres que ceux déjà taxés pour passementerie; 5° les grandes peaux tannées pour semelles.

## DÉCLARATION DES CONSIGNATAIRES.

81—190. Le droit de magasinage n'est dû qu'autant que les objets sont placés dans les magasins de la douane. (*Circ. du 6 brumaire an 11*).

## DÉBARQUEMENT.

82—199. Au lieu de : art. 19, à la quatrième ligne, mettre : art. 9.

83—206. On a imprimé : titre 2 au lieu de : titre 3.

84—207. Au lieu de : novembre 1818 ; lire : novembre 1810.

## JURY SPÉCIAL D'EXAMEN.

85—220 *bis*. Les experts, appelés à prononcer sur la qualité d'une marchandise soupçonnée d'être faussement qualifiée en la déclaration, doivent s'expliquer seulement sur le point qui leur est soumis. Il ne leur appartient pas d'examiner si les droits prétendus équivalent à une prohibition, ni de s'attacher à ce qui n'aurait été antérieurement qu'une erreur de perception.

Les juges ne peuvent baser leur jugement sur l'opinion des experts, accessoire ou étrangère au fait sur lequel ils ont d'abord prononcé. (*Arr. de cass. du* 18 *janvier* 1810.)

Les experts sont juges souverains du fait qui leur est soumis. (*Arr. de cass. du* 5 *août* 1828.)

Leur avis en matière de primes a force de chose jugée ; on ne peut attaquer l'estimation qu'ils donnent, non plus que demander une contre-estimation. (*Jugement en appel à Bordeaux, du* 1$^{er}$ *juillet* 1828.)

86—221. Les frais de transports d'échantillons en matière d'expertise sont avancés par la partie requérante. (*Arr. de cass. du* 1$^{er}$ *février* 1811.)

87—221. Quand il s'agit de sucre ou de marchandises semblables on se borne à prélever un certain nombre d'échantillons, au lieu d'envoyer un échantillon de chaque sac ou colis ; on fait connaître, au moyen d'une note indicative, les numéros de tous les sacs ou colis composant chaque nuance représentée par les échantillons. Lorsque ce mode offre des inconvénients, il en est rendu compte à l'administration. (*Lettre admin. du* 23 *juin* 1836.)

88—225. Au lieu de : lettre du 28 juillet, lire : lettre du 20 juillet.

## FAUSSES DÉCLARATIONS.

89—227. A la dernière ligne de la page, au lieu de : Fructidor an 2, c'est fructidor an 11.

## TARE DES EMBALLAGES.

90—241. Le droit d'après lequel a lieu la perception au *net effectif* est celui qui est dû pour les importations faites par navires français. Si, pour ces importations, il y a plusieurs quotités en raison des provenances, on se règle sur la plus élevée, et le reste suit le même régime. (*Tarif de* 1822.)

91—243. Les motifs qui ont fait établir la tare légale veulent que la douane *alloue d'office* la tare réelle, lorsque la vidange des colis ou le transvasement de la marchandise, ayant lieu par quelque cause que ce soit, facilitent la reconnaissance de cette tare. (*Lettre de l'administration du* 22 *février* 1833).

92—244. 2° Au lieu de : 10 juillet, il faut : 17 juillet.

4° Mettre par renvoi : La tare de 5 p. °/₀ n'est accordée qu'à charge par le commerce de ne rien soustraire des emballages. (*Circ. n°* 1480.)

93—248. Remplacer le titre cité par celui-ci : Circ. du 15 juin 1829, n° 1169.

## RESTRICTIONS AUX IMPORTATIONS.

94—254. Mettre : Voir n° 517, au lieu de n° 515.

95—257. Après le 1° ajouter : On perçoit le minimum des droits sans avoir égard à la prohibition locale ou conditionnelle. (*Circ. n°* 1306.)

96—258. On a imprimé : Loi du 20 avril, au lieu de : 28 avril.

## PROVISIONS DE BORD.

97—270. Au lieu du mot : *idem*, mettre : Circ. n° 1185, du 22 octobre 1829.

98—272 *bis*. Lorsque le navire, n'allant pas immédiatement à l'étranger ou aux colonies, retourne dans un port français, on expédie sur ce port, par suite de dépôt, les objets prohibés faisant partie des provisions primitivement importées. A cet effet, un acquit-à-caution est délivré sans qu'il soit nécessaire de prendre l'attache de l'administration. *Lett. admin. du* 5 *décembre* 1829.)

On ne peut considérer comme provisions de bord, des marchandises faisant essentiellement partie de la cargaison, non plus que des tissus de soie et de coton. (*Idem.*)

99—274 *bis*. Les salaisons qui sont rapportées par des navires pêcheurs peuvent, au retour de ces navires, être mises en consommation moyennant le remboursement de la prime. (*Déc. admin. du* 1er *avril* 1834.)

100—276. Au lieu de : Voir n° 173, mettre : n° 273.

## RELACHES.

101—281 Au lieu de : Voir n. 151, mettre : n° 152.

102—285. On a imprimé : 6 septembre, il faut : 16 septembre.

103—289. La loi à citer est celle-ci : Loi du 4 germinal an 2, titre 2, art. 6.

104—290. Au lieu de : 1 p. °/₀, mettre : 1/2 pour cent.

105—291. Au lieu de : 6 brumaire an 2, lire : 6 brumaire an 11.

106—292. Au lieu de : titre 2, lire : titre 7.

## NAUFRAGES.

107—304. Au lieu de 23 juillet, lire : 23 juin.

108—305. Au lieu de 27 juillet 1811, lire : 27 juillet 1812.

109—306. Au titre cité ajouter : Circ. du 9 juillet 1817.

110—316. Mettre : Voir titre VIII, au lieu de : titre VII.

111—318. Au lieu de : Circ. du 8 août, mettre : Circ. du 18 août.

# TITRE VI.

## IMPORTATIONS PAR TERRE.

*Changemens, ou modifications, survenus en* 1836.

### PRÉSENTATION AU PREMIER BUREAU.

112—347. La *poursuite à vue* d'un conducteur qui a évité un bureau d'entrée peut être constatée par un seul préposé ; le concours de deux employés n'est nécessaire que lorsqu'il s'agit de la saisie. (*Arr. de cass. du* 23 *août* 1836 ; *circ.* 23 *octobre suiv. n°* 1573.)

### DÉCLARATIONS.

113—355. Article abrogé. (*Loi du* 2 *juillet* 1836, *section première ; circ. n°* 1550.)

### OBJETS A DIRIGER SUR PARIS.

114—374 et 375. Articles remplacés par celui-ci : à moins qu'il ne s'agisse d'objets qui ne seraient pas destinés à entrer immédiatement en consommation ou qui devraient être réexpédiés de Paris sur d'autres points, on dirige sur la douane de Paris, soit d'office, soit en vertu d'autorisation de l'administration : 1° les livres et gravures ; 2° les armes ; 3° les marchandises invendues à l'étranger dont la réimportation est autorisée ; 4° l'argenterie et autres effets des personnes venant habiter temporairement la France ; 5° les objets adressés au roi, aux membres de la famille royale ou aux ministres ; 6° ceux envoyés aux ambassadeurs ou aux autres membres du corps diplomatique accrédités près le gouvernement (voir l'exception portée à la circul. n° 1526) ; 7° ceux destinés aux établissemens publics de la capitale ; 8° enfin tous ceux qui sont expédiés de la frontière sur Paris, dans les cas prévus par la circulaire du 10 septembre 1817. On se sert exclusivement, pour ces expéditions, des acquits-à-caution 50 *bis* ou 51, selon que l'objet est ou non prohibé. (*Circ. du* 3 *février* 1836, *n°* 1526.)

### RESTRICTIONS AUX IMPORTATIONS.

115—411 *bis*. L'admission des grandes peaux brutes sèches, d'origine européenne, ne peut avoir lieu, au droit de 5 francs établi par la loi du 5 juillet 1836, que par les bureaux de Blanc-Misseron, Maubeuge, Givet, Longwy, Sierck, Forbach, Strasbourg, St-Louis, les Rousses et Bellegarde.

Les grandes peaux *tannées* ne sont importées que par les bureaux ouverts à l'entrée des marchandises taxées à plus de 20 fr. par 100 kilogr. (*Ordonn. du* 31 *octobre* 1836, *circ. n°* 1578.)

116—415. Aux titres cités ajouter : *Loi du* 2 *juillet* 1836, *section* 1re.

117—416. Aux titres cités ajouter : *Loi du* 2 *juillet* 1836, *section* 1re.

118—417. Aux titres cités ajouter : *Loi du* 2 *juillet* 1836, *section* 1re.

*bis*—417. Les fers travaillés au bois et au marteau ne sont admis que par les bureaux que désigne le tableau des droits d'entrée et de sortie publié par l'administration en 1835. (*Loi du 2 juillet* 1836, *circ. n°* 1550.)

### PORT DE DUNKERQUE.

119—420 *bis*. Le bureau de Dunkerque, par Zuidcoote, est ouvert à l'entrée des marchandises de toute espèce autres que celles désignées en l'art. 22 de la loi du 28 avril 1816 (voir n° 408), tant pour l'importation et le transit que pour l'entrepôt réel et l'entrepôt spécial du prohibé.

Les formalités prescrites et les peines prononcées par les articles 28, 29 et 30 de la même loi s'appliquent aux expéditions faites par cette voie. (*Loi du 2 juillet* 1836, *art.* 9.)

*Additions et rectifications.*

### PRÉSENTATION AU PREMIER BUREAU.

120—347. Au lieu de : 8 floréal an 2, lire : floréal an 11.

### DÉCLARATION DES MARCHANDISES.

121—348. Au lieu de : voir n° 387, lire : N° 397.

122—351. On a imprimé 1771, il faut : 1791.

123—353. Au lieu de : Ordonn. du 26 juillet 1820, il faut mettre : 26 juillet 1826.

### DÉCLARATIONS ET VISITES A DEUX BUREAUX.

124—398. Au lieu de : Voir n°s 367 et 377, lire : N°s 368 et 378.

### RESTRICTION AUX IMPORTATIONS.

125—411. Au lieu de : 27 mars 1827, lire : 27 mars 1817.

126—416. On a imprimé 2 juin 1824, il faut mettre : 2 juin 1834.

# TITRE VII.

## RÉIMPORTATIONS.

*Additions et rectifications.*

127—426. Au lieu de : titre XIV, chapitre V, mettre : Chapitre IV.

Au lieu de : Chapitre XII, mettre : Chapitre VIII.

Au lieu de : Chapitre XX, mettre : Chapitre XI.

# TITRE VIII.

## ACQUITTEMENT DES DROITS.

1re PARTIE. — *Changemens, ou modifications, survenus en* 1836.

### RÉFACTIONS POUR CAUSE D'AVARIES.

128—487. La portion des rivières affluentes à la mer qui est soumise à l'action des douanes, étant assimilée à la mer, les évènemens qui ont lieu dans cette partie des rivières, donnent le droit de réclamer la réfaction de droits accordée par l'art. 51 de la loi du 21 avril 1818. (*Lett. admin. du* 13 *janvier* 1836.)

2e PARTIE. — *Additions et rectifications.*

### RÈGLE D'ACQUITTEMENT.

129—427. Au lieu de : Voir n° 477, lisez : N° 479.

130—430. La douane, lorsque l'importation a lieu par mer, a la faculté de liquider les droits sur le poids déclaré. Elle n'en doit user, toutefois, qu'avec réserve, et qu'autant qu'il y a intention évidente de frauder. (*Loi du* 22 *août* 1791, *tit.* 2, *art.* 14 *et* 17 ; *lett. admin. du* 10 *juin* 1819.)

Toute fraction de centime doit être ramenée au centime entier; ainsi 3 fr. 43 c. 2/10e sont comptés pour 3 fr. 44 c. (*Loi du* 22 *frimaire an* 7, *art.* 5; *circ. du* 26 *février* 1818 ; *lett. admin. du* 22 *août* 1825.)

131—436. Une passe de sac est exigée pour tout paiement en argent, de 500 fr. et au dessus.

Le payeur réclame ou retient pour cette passe, 15 c. par sac de 1000 fr. (*Déc. du* 1er *juillet* 1809, *circ. du* 29.)

La passe de sacs ne peut être précomptée sur les appointemens des préposés. Les contrôleurs et capitaines doivent se pourvoir de sacs, le paiement des appointemens étant au nombre de leurs obligations. (*Lett. admin. du* 7 *décembre* 1823.)

132—437. Au lieu de : Décret du 18 août 1812, lisez : 18 août 1810.

133—438. On a imprimé : Loi du 28 avril, art. 23, il faut : Art. 33.

### PAIEMENT EN EFFETS DE CRÉDITS.

134—463. Au lieu de : Code civil, art. 2090, lisez : Art. 2098.

135—467. Au lieu de : Arrêt du 23 août, mettez : 29 août.

136—470. Au titre cité il convient d'ajouter : Arrêt de la Cour royale d'Aix du 13 janvier 1823, circ. n° 791.

137—473 Ajouter au titre cité : Circ. lit. du 25 septembre 1833.

### MARCHANDISES ABANDONNÉES.

138—481. Au lieu de : Circ. du 16 septembre, mettez : Du 6 septembre.

## RÉFACTION POUR CAUSE D'AVARIES.

139—487. Le bénéfice accordé par la loi ne s'étend pas seulement aux marchandises importées de l'étranger ou des colonies; celles expédiées par mer, par continuation d'entrepôt, en jouissent également, lorsqu'elles ont été avariées par l'eau de mer. (*Circ. n°* 1364.)

La réfaction, aux conditions établies par la loi, peut être accordée aux marchandises qui sont placées sur le pont du navire, comme à celles qui se trouvent dans la cale du bâtiment. (*Lett. admin. du* 7 *juillet* 1827.)

Si, lors du déchargement d'un navire, une futaille tombe à la mer, la marchandise, qui, par suite de cet évènement, se trouve avariée, peut être admise à n'acquitter que les droits réduits. (*Lett. admin. des* 12 *février* 1823 *et* 30 *septembre* 1829.)

140—488. Il y a lieu à s'adresser à la Chambre syndicale des courtiers, pour faire déterminer le cours réel établissant la valeur de la marchandise, lorsque les prix courants imprimés n'existent pas, ou lorsqu'ils ne présentent pas des cotes précises sur chacune des diverses espèces et qualités. (*Circ. du* 10 *novembre* 1829, *n°* 1190.)

141—490. Les fers, par leur nature, n'étant susceptibles d'aucune avarie *par suite d'évènemens de mer,* ils ne sont pas admissibles à la réfaction des droits.

Il en est de même des fontes et des marbres en bloc. (*Lett. admin. des* 15 *avril* 1822 *et* 28 *mars* 1835.)

Toutefois, par exception spéciale, des fers provenant de sauvetage, qui, par un long séjour à la mer, ont été profondément oxidés, n'acquittent que les droits réduits. (*Lett. admin. du* 15 *avril* 1822.)

142—492. Pour laisser aux négociants le temps de reconnaître s'il leur est plus avantageux de vendre que de réexporter, la douane permet à ceux qui ont mis leurs marchandises en entrepôt, d'en demander ultérieurement la vente, pourvu que cette demande soit formée au plus tard un mois après le débarquement des marchandises. La déclaration doit toujours être faite dans les trois jours de la visite. (*Circ. du* 10 *novembre* 1829, *n°* 1190.)

143—494. Au lieu de : Circulaire du 15 mai, mettre : 15 mars.

## VENTE PUBLIQUE DES MARCHANDISES.

144—495. Afin de faciliter l'examen des experts, il est prélevé des échantillons ; il en est produit, en même temps, de la même espèce de marchandises à l'état sain, et pour ceux-ci, la douane doit faire déterminer à quelle qualité appartient la marchandise, afin que de leur côté les experts puissent se prononcer sur cette qualité. (*Lett. admin. du* 11 *avril* 1829.)

145—505. L'enlèvement des marchandises vendues en entrepôt doit être aussi prompt que possible; il doit s'opérer aussitôt après la délivrance du permis; le cahier des charges doit, d'ailleurs, contenir expressément cette clause. (*Circ. du* 10 *novembre* 1829, *n°* 1190.)

146—507. Lorsqu'il y a mise en entrepôt réel des marchandises, l'administration autorise un bénéficiement qui permet au commerce de diviser un colis avarié en trois parties : la première se compose de la marchandise intacte, laquelle est passible du droit integral; la seconde comprend ce qui a peu souffert et obtient réfaction sur vente publique; la troisième, formée de ce qui est le plus avarié, est détruite, si le propriétaire ne juge pas pouvoir la vendre, ou si la police s'oppose à la mise en consommation. (*Déc. admin. des* 18 *juin* 1818 *et* 4 *février* 1819; *circ. n°* 1190.)

147—509. Les sucres, cafés, chocolat et autres denrées coloniales analogues, sont rangés parmi les comestibles. (*Avis de l'admin.*)

148—510. C'est le maire, là où il n'y a pas de sous-préfet, qui décide si l'objet avarié est ou non de nature à nuire à la santé publique. (*Avis de l'admin.*)

149—511. La vente des marchandises, provenant de naufrages ou d'épaves, se fait au bureau le plus voisin des lieux de sauvetage, quoique ce bureau ne soit pas au nombre de ceux autorisés à les recevoir; on y accorde, dans les formes ordinaires, les réductions de droits proportionnellement à l'avarie. Les directeurs, avertis des sauvetages, envoient sur les lieux où la vente doit s'opérer, des employés capables de la faire réussir. (*Circ. n°* 417.)

# TITRE IX.

## ENTREPOTS.

*Changemens, ou modifications, survenus en* 1836.

### ENTREPOT DU PROHIBÉ.

150.—518. Le port de *Boulogne* est admis à jouir des avantages attachés à l'entrepôt spécial du prohibé, le commerce ayant satisfait aux conditions qu'impose la loi. (*Circ. du* 11 *avril* 1836, *n°* 1539.)

### PORTS D'ENTREPOT DU NON PROHIBÉ.

151.—534. Aux mots: *Ordon. du* 8 *juillet* 1834, substituez : *Loi du* 2 *juillet* 1836, *art.* 13.

### DURÉE DE L'ENTREPOT.

152.—550. Le droit fixe d'enregistrement de 1 fr. pour sommation, afin de réexportation de marchandises déposées en douane, n'est dû que lorsque les droits liquidés s'élèvent à plus de 100 francs. (*Circ. du* 15 *octobre* 1836, *n°* 1572.)

### HOUILLES ENTREPOSÉES.

153.—571 et 965. Au titre cité ajouter : *Loi du* 2 *juillet* 1836, *art.* 23, *et circ.*, n° 1555.

*Nota.* Un navire qui remonterait vers l'intérieur en amont du dernier bureau des douanes, ne pourrait disposer du combustible qu'après en avoir payé les droits d'entrée fixés par le tarif. (*Circ.*, n° 1555.)

### PLOMBAGE.

154.—577. Aux titres cités, ajoutez au 2e alinéa : *Circ. du* 22 *juillet* 1836, *n°* 1553; et au 3e alinéa : *Loi du* 2 *juillet* 1836, *art.* 21.

## SORTIE POUR LA RÉEXPORTATION.

155.—568. Les dispositions concernant les réexportations d'entrepôt (voir n° 567) s'appliquent aux marchandises sortant de l'entrepôt de *Dunkerque* pour être réexportées par *Zuidcoote* par les bateaux dits *bélandres*, dont on plombe les écoutilles. (*Loi du 2 juillet* 1836, *art.* 9.)

Si la réexportation a lieu sur des voitures, ces voitures sont plombées par capacité lorsque le commerce ne réclame pas le plombage par colis, et les marchandises sont escortées jusqu'à la frontière par deux préposés. (*Mêmes loi et article.*)

## MUTATION D'ENTREPOT PAR MER.

156.—588. Au lieu de *Circulaire du* 10 *juillet* 1833, mettre: *du* 22 *juillet* 1836, *n°* 1553, et aux titres cités ajouter : *Loi du* 2 *juillet* 1836, *et ordon. du* 20 *dudit.*

## MUTATIONS D'ENTREPOT PAR TERRE.

157.—603. Le commerce a aussi la faculté d'expédier sur les entrepôts de l'intérieur les marchandises tarifées qui sont admissibles au transit. (*Circ. du* 3 *octobre* 1836, *n°* 1569.)

158.—605. Soit que la marchandise sorte réellement de l'entrepôt, soit qu'elle sorte du navire au moment où se consomme l'importation, la douane reçoit du négociant une déclaration de *transit*, comme pour les marchandises arrivant à la frontière et qui sont destinées à transiter; elle délivre un acquit-à-caution, série **M**, n° 49 ou 49 *bis*, selon qu'il s'agit de marchandises permises ou d'objets prohibés. (On s'abstient de percevoir le droit de transit.) (*Circ. du* 2 *novembre* 1836, n° 1576.)

159.—605. Au port d'*arrivée*, le transit se consomme directement, en vertu des engagemens souscrits au port de *départ*, comme si la marchandise venait d'un bureau des frontières de terre. Le consignataire, au moyen des cadres imprimés au verso de l'acquit-à-caution, est dispensé de formuler une déclaration, et la douane n'a pas à fournir de permis spéciaux. (*Même circulaire.*)

160.—605. Si, au lieu d'être réexportée immédiatement, la marchandise est déclarée pour l'entrepôt ou versée à la consommation intérieure, il en est fait mention au registre, série **M**, n° 52 *bis*, établi par la circulaire n° 1534. Cette mention est indépendante, toutefois, des soumissions relatives aux entrepôts fictifs et aux entrepôts réels non constitués. (*Même circ. et circ. n°* 1534.)

161.—606. Au titre cité ajouter : *Circulaire du* 2 *novembre* 1836.

## ENTREPOT DE LYON.

162.—656. L'entrepôt de Lyon est constitué comme entrepôt intérieur; en conséquence, il est ouvert aux marchandises prohibées et à tous les autres objets qui jouissent du transit. (*Ordonn. du* 17 *novembre* 1836, *et circ. du* 23 *décembre* 1836, *n°* 1592.)

## ENTREPOT DE STRASBOURG.

163. —668 à 676. Là où se trouve citée l'ordonnance du 8 juillet 1834 ajouter: *Loi du* 2 *juillet* 1836, *art.* 14, 15, 16 *et* 17.

## ENTREPOTS DE L'INTÉRIEUR.

163 *bis*.—692. Au lieu de : voir n° 692, mettre : voir n° 697.

164.—696. Les marchandises désignées en l'article 7 de la loi du 17 décembre 1814 (voir n° 760), que l'on dirige des ports ou des bureaux frontières sur les entrepôts de l'intérieur, sont exemptes du plombage. (*Circ. du* 24 *juillet* 1836, *n°* 1555.)

165.—699. Ajouter aux villes indiquées comme participant aux avantages de l'entrepôt intérieur : Lyon. (*Ordonn. du* 17 *novembre* 1836, *circ. n°* 1592.)

166.—702. Les objets prohibés qui jouissent de la faculté du transit peuvent être dirigés sur l'entrepôt de *Mulhausen*, un local particulier ayant été disposé pour les y recevoir. (*Circ. du* 29 *janvier* 1836, *n°* 1524.)

167.—702—3. Aux titres cités ajouter : *Circ. du* 3 *octobre* 1836.

168.—702—6. Aux titres cités ajouter : *Loi du* 2 *juillet* 1836, *art.* 21.

*Additions et rectifications.*

## ENTREPOT RÉEL.

169.—525.—534.—548 et 619. On a imprimé : loi du 8 floréal an 2, mettre : 8 floréal an 11.

170.—526. Au 2° de l'article mettre : chapitre 16 au lieu de chapitre 3.

171.—530. Au lieu de : voir n° 576, mettre n° 579.

172.—547. Au lieu de : circulaire du 1er mars 1822, mettre : 1er mars 1832.

173.—549. Au lieu de : 15 octobre 1818, il faut : 15 décembre.

174.—599. L'expédition qui a accompagné une marchandise pour assurer son transport dans un autre entrepôt, est renvoyée par l'intermédiaire du directeur au port d'où elle émane, si ce port est situé dans la direction ; dans le cas contraire, elle est adressée par le receveur à l'administration. (*Circ. du* 21 *janvier* 1819.)

175.—604. Au lieu de : voir n° 515, mettre : voir nos 517 et 699.

## ENTREPOT FICTIF.

176.—618. On a imprimé : 7 octobre 1815, mettre : 7 décembre, et au lieu de : n° 1616, mettre n° 1536.

177.—629. Au lieu de : voir n° 558, mettre : voir n° 560.

178.—638. On a imprimé : Circ. du 23 janvier 1834, il faut : 1824.

179.—643. Au lieu de : Circ. du 16 thermidor, mettre : 24 thermidor.

180.—681. On a imprimé : à l'article 675 ; il faut lire : à l'article 679.

## ENTREPOTS SPÉCIAUX.

181.—690. Il faut : 8 août 1814 et non 8 août 1834.

# TITRE X.

## TRANSIT.

*Changements, ou modifications, survenus en* 1836.

### PORTS ET BUREAUX DE SORTIE DU PROHIBÉ.

182.—710. Ajouter aux titres cités : *Loi du* 2 *juillet* 1836, *art.* 12.

### MARCHANDISES NON PROHIBÉES ADMISES AU TRANSIT.

183.—713. Au renvoi, substituer : le bureau *des Rivières* à celui de *Monthermé ;* et ajouter : *Loi du* 2 *juillet* 1836, *art.* 10.

184.—713. A la fin du 1er § de la page 92, ajouter : *Loi du* 2 *juillet* 1836, *art.* 10.

*Nota.* Les futailles, que l'on doit faire plâtrer et qu'accompagnent des échantillons, sont exemptes du plombage. ( *Circ. du* 24 *juillet* 1836, *n°* 1555.)

185.—714. Au titre cité ajouter : *Loi du* 2 *juillet* 1836, *art.* 10.

### PORTS ET BUREAUX D'ENTRÉE ET DE SORTIE.

186.—715. Aux titres cités ajouter : *Loi du* 2 *juillet* 1836, *art.* 12, *circ. n°* 1555. Et par *nota* ceci : Le bureau des *pargots* est définitivement construit et organisé.

187.—715 et 717. Le bureau d'*Armentières* est autorisé à procéder aux opérations de transit des marchandises non prohibées, tant à l'entrée qu'à la sortie. ( *Déc. minist. du* 2 *février* 1836, *circ. n°* 1528.

### DÉCLARATIONS A L'ENTRÉE.

188.—728. Lorsque ce sont des laines que l'on présente en transit dans un bureau d'entrée, le commerce est tenu d'en déclarer la valeur. (*Loi du* 17 *mai* 1826, *arr. de cass. du* 30 *août* 1836, *et circ. n°* 1574. )

### VÉRIFICATION.

189.—738. Au titre cité ajouter : *Loi du* 2 *juillet* 1836, *art.* 11, *et circ. nos* 1304 et 1555.

190.—743. A la circulaire citée ajouter : *Circ. du* 24 *juillet* 1836, *n°* 1555.

191.—747. 751. 754. 755 et 756. Aux titres cités ajouter : *Loi du* 2 *juillet* 1836, *art.* 20, *et circ. du* 24 *juillet* 1836, *n°* 1555.

### PÉNALITÉ.

192.—743. Lorsque ce sont des laines dont on a demandé le transit, si la valeur n'a pas été exactement déclarée par l'expéditeur, la préemption peut être valablement exercée. (Voir n° 228.) (*Arr. de cass. du* 30 *août* 1836, *circ. du* 25 *octobre suiv. n°* 1574. )

### ÉCHANTILLONS.

193.—751. On doit s'abstenir, dans les expéditions de transit, de prélever des échantillons sur les rubans de soie, de laine et de coton. ( *Circ. du* 6 *avril* 1836, *n°* 1538.)

## PLOMBAGE.

194.—761. Au titre cité ajouter : *Loi du 2 juillet* 1836, *art.* 21.

## PRÉSENTATION AU BUREAU DE SORTIE.

195—778. La marchandise expédiée en transit doit être présentée au bureau de sortie dans le délai fixé par l'expédition. Néanmoins, si les causes du retard sont convenablement expliquées, le chef de la douane peut, nonobstant la péremption du délai fixé par l'acquit-à-caution, permettre la consommation immédiate du transit, sauf à en rendre compte au directeur. (*Circ. du* 24 *juillet* 1836, *n°* 1555.)

## DÉCLARATION A LA SORTIE.

196—778 *bis*. La déclaration à fournir par le commerce, à l'arrivée dans un port, de marchandises de transit qui doivent sortir par ce port, est reçue sur le registre série M, n° 52 bis, où se trouvent également portés le résultat de la visite et l'acte de décharge. (*Circ. du* 11 *mars* 1836, *n°* 1534.)

## PLOMBAGE A LA RÉEXPORTATION PAR MER.

197—795. Au titre cité ajouter : *Loi du 2 juillet* 1836, *art.* 21.

*Additions et rectifications.*

## EXPÉDITIONS EN TRANSIT SUR LES ENTREPOTS INTÉRIEURS.

198—718. On a imprimé : loi du 9 février 1833 ; il faut : loi du 9 février 1832.

## CONDITIONS DU TRANSIT.

199—729. Au lieu de : 28 juillet 1811, lire : 28 juin 1811.

200—766. Au 6° au lieu de : 13 février 1833, mettre : 13 février 1832.

201—772. Au titre cité ajouter : *Loi du* 17 *mai* 1826, *art.* 13.

## SORTIE EFFECTIVE DES MARCHANDISES.

202—801. On a imprimé : Circul. du 22 décembre ; il faut : 20 décembre.

203—805. Au lieu de : Circ. du 3 février lire : 13 février.

204—810. Au lieu de : 29 décembre 1814 et 17 janvier 1329, lire : 28 décembre 1814 et 19 janvier 1829.

## DÉPOT DE BESANCON.

205—813. On a imprimé 1717 ; il faut lire : 1817.

# TITRE XI.

## CABOTAGE.

*Changements, ou modifications, survenus en* 1836.

DÉCLARATION ET PERMIS AU DÉPART.

206—837. Abrogé. (*Circulaire du* 16 *juillet* 1836, *n°* 1550.)

PLOMBAGE.

207—851. Aux titres cités ajouter : *Loi du* 2 *juillet* 1836, *art.* 20.

208—852. Commencer le 2° par ces mots : Pour les marchandises tarifées au poids, si à l'entrée, etc.

Et après ces mots : *par* 100 *kilogrammes,* ajouter : et pour les autres, si le droit d'entrée répond, etc. (*Même loi et même article.*)

Au *Nota,* substituer à ces mots : *Circulaire du* 10 *juillet* 1833, ceux-ci : *Circulaire du* 22 *juillet* 1836, *n°* 1553. Ajouter ensuite : Le roi pouvant affranchir du plombage les marchandises comprises aux n°ˢ 1 et 2 ci-dessus, une ordonnance du 20 juillet 1836 a désigné les objets qui cessaient d'être soumis à cette formalité. (*Voir la circ. n°* 1553.)

ACQUIT-A-CAUTION.

209—866. Remplacer le 2° comme suit : 2° Pour les marchandises tarifées au poids, si elles sont passibles, à la sortie, d'un droit de plus de 50 centimes par 100 kilogrammes, et pour les autres, si le droit de sortie répond à un quart pour cent de la valeur, décime compris. (*Loi du* 2 *juillet* 1836, *art.* 19.)

210—867. Au titre cité ajouter : (*Loi du* 2 *juillet* 1836, *art.* 19.)

211—871. Lorsqu'une même déclaration comprend des marchandises soumises à l'*acquit-à-caution,* et d'autres sujettes *au passavant,* on peut, sur la demande de l'expéditeur, les comprendre toutes dans l'acquit, et la soumission n'a d'effet que pour les premières. (*Circ. du* 22 *juillet* 1386, *n°* 1553.)

*Additions et rectifications.*

FORMALITÉS A REMPLIR AU DÉPART.

212—829. Au lieu de : Décision du 27 floréal an 4, mettre : floréal an 6.

213—835. On a imprimé : Circ. du 18 juillet ; il faut lire : 10 juillet.

214—842. Au lieu de : Circ. du 6 novembre, lire : 19 novembre.

215—847. Au lieu de : 1ᵉʳ complémentaire an 11, lire : 1ᵉʳ complémentaire an 10.

216—859. Au lieu de : art. 13, lire : art. 26.

EXPÉDITION A DÉLIVRER.

217—870. Les employés ne doivent délivrer l'expédition destinée à assurer un transport par cabotage, qu'après que l'embarquement des marchandises a été constaté légalement par certificats. (*Circ. du 7 floréal an* 10.)

218—872. Lorsque ce sont des boissons que l'on veut embarquer, on doit énoncer, sur l'acquit ou le passavant, le lieu où l'expédition représentée a été délivrée. (*Circulaire du* 15 *juillet* 1806.)

## DÉBARQUEMENT.

219—901. Les marchandises présentées au bureau de destination sont saisissables, si elles ne sont pas *identiquement les mêmes* que celles décrites dans l'acquit-à-caution. Par exemple, des sucres, déclarés et annoncés *terrés blancs*, reconnus au bureau d'arrivée *terrés blonds ou dorés*, doivent, quoique soumis au même droit d'entrée, être saisis. (*Arr. de cass. du* 19 *novembre* 1834, *circ. n°* 1467.)

## CONTRAINTES A DÉCERNER CONTRE LES SOUMISSIONNAIRES.

220—916. Les receveurs, lorsqu'ils ont à décerner une contrainte contre un soumissionnaire ou sa caution, se conforment, pour la formule à suivre, au modèle donné par l'administration. (*Collection générale*, *tome* 1, *page* 422.)

Ils sollicitent du directeur l'autorisation de décerner contrainte, deux mois après l'expiration des délais accordés pour le rapport du certificat de décharge. (*Circ. du* 6 *floréal an* 5.)

Ils sont responsables s'ils laissent périmer les délais. (*Circ. du* 15 *juillet* 1797.)

Les juges de paix sont chargés du visa des contraintes. Le refus qu'ils feraient de les viser devrait être inscrit par eux sur ces actes ; s'il y avait refus d'inscrire, le receveur devrait en dresser procès-verbal. (*Circ. du* 6 *floréal an* 5.)

Il est défendu à tout juge de donner contre une contrainte aucune défense ou surséance ; ces oppositions seraient nulles et de nul effet. (*Arr. de cass. du* 4 *février* 1807.)

L'exécution d'une contrainte ne peut être arrêtée que par la consignation du simple droit, faite sans aucune réserve. (*Loi du* 22 *août* 1791, *tit.* 13, *art.* 33 *; lettres adm. des* 22 *janvier et* 24 *mai* 1830.)

La contrainte suffit pour prendre inscription sur les biens de celui contre lequel elle est décernée, sans qu'il soit nécessaire d'obtenir un jugement. (*Circ. du* 25 *avril* 1812.)

221—917. Au titre cité ajouter : Circ. n° 951.

Au lieu de : Circ. du 5 novembre 1806, il faut mettre : 6 juillet 1800.

222—919. La décharge d'un acquit-à-caution, délivré pour assurer un transport de marchandises, ne peut être remplacée en justice par une pièce autre que le certificat donné par le bureau désigné dans l'expédition. (*Arrêt de cass. du* 18 *août* 1802.)

# TITRE XII.

## EXPORTATIONS ET PRIMES.

*Changements, ou modifications, survenus en* 1836.

### EXPORTATIONS PAR MER. — MANIFESTES.

**223—957** *bis.* Aucun navire français ou étranger, chargé ou sur lest, ne peut sortir d'un port de France sans être muni d'un manifeste visé par la douane.

Le manifeste doit présenter, séparément, les marchandises de réexportation suivant leur provenance étrangère ou des colonies françaises. (*Loi du* 5 *juillet* 1836, *art.* 2.)

Le capitaine qui, en sortant d'un port de France, refuse de représenter son manifeste à toutes réquisitions des préposés des douanes, encourt une amende de 500 fr. pour sûreté de laquelle le navire peut être retenu. (*Mêmes loi et article ; circ. n°* 1554.)

### EXPORTATIONS FAVORISÉES PAR DES TRAITÉS.

224 — 959 *bis.* Les navires français venant en droiture et *avec chargement*, des ports de France, ou *sur lest* d'un port quelconque, sont affranchis, dans les ports du Mecklembourg, du droit de tonnage ; ils sont traités, quant aux autres droits s'appliquant au corps du navire, comme les bâtiments mecklembourgeois ; et relativement aux redevances qui seraient le salaire d'industries privées, ils ne supportent que celles dont sont passibles les sujets du Mecklembourg. (*Traité du* 19 *juillet* 1836, *ordonn. du* 19 *septembre* 1836 *et circ. du* 30, *n°* 1567.)

225 — 959 *ter.* Les exportations faites de France ou du Mecklembourg sont affranchies de toute surtaxe, et les expéditeurs jouissent de tous les avantages, primes, remboursements, etc., accordés aux exportations faites sous pavillon national. (*Idem.*)

### EXPORTATIONS DES DOUANES DE L'INTÉRIEUR.

225 *bis*—1010 *bis.* Les frais de plombage des marchandises expédiées des douanes de l'intérieur pour l'étranger sont fixés à 50 centimes pour chaque plomb.

Toutefois, dans la douane de Paris, les frais de cordage et d'emballage continuent à être à la charge des expéditeurs. (*Loi du* 2 *juillet* 1836, *art.* 21.)

### MARCHANDISES JOUISSANT DE LA PRIME ET QUOTITÉ DE L'ALLOCATION.

#### MEUBLES NEUFS.

**226—1014.** Au titre cité ajouter : Loi du 2 juillet 1836, section 1re.

#### FILS ET TISSUS DE LAINE.

**227—1014.** A la page 130, après ces mots : Ordonnance du 10 octobre 1835, art. 4, ajoutez : Loi du 2 juillet 1836, section 3 ; puis ceci :

Les tissus mélangés contenant plus de moitié laine, qui ne rentrent, quant à la composition distincte de la chaîne et de la trame, dans une des classes déterminées par la présente loi, jouissent des primes des tissus similaires de pure laine sous la déduction du poids des substances autres que la laine employée à leur fabrication. (*Loi du 2 juillet* 1836, *art.* 1er.)

*Nota.* Pour profiter du bénéfice de cette disposition, les exportateurs des tissus de l'espèce sont tenus de déclarer la nature des substances employées conjointement avec la laine pour fabriquer ces tissus, ainsi que le poids de ces substances proportionnellement au poids de la laine. Les employés s'assurent de l'exactitude de ces déclarations, et ils prélèvent des échantillons qui sont soumis à l'administration. (*Circ. du* 16 *juillet* 1836, *n°* 1551.)

CHALES.

228—1014. Au bas de la page 129, à l'article *châles*, ajoutez : Il y a lieu d'accorder la prime additionnelle de 30 p. 0/0, aux châles brochés en pure laine, non seulement lorsque le brochage couvre tout le fond du tissu, mais encore lorsqu'il constitue, savoir :

Pour les châles longs ou boiteux, c'est-à-dire demi-longs, ce que l'on nomme un bas de palmes;

Et pour les châles carrés;

De 5/8 et 3/4, une bordure de 5 centimètres au moins;

De 7/8 et 4/4, une bordure de 7 centimètres et demi;

De 9/8, 7/4, 4/3 et 6[4, une bordure de 10 centimètres;

Si, au lieu de bordure ou de palmes, le brochage ne forme que des coins, le complément n'est pas dû;

La présence dans le brochage de substances autres que la laine, et notamment du coton, que souvent on emploie pour les parties blanches des dessins, s'oppose également, quelque faible qu'en soit la quantité, à l'allocation de la prime additionnelle. Les châles qui présentent des mélanges de l'espèce reçoivent la prime des tissus analogues de pure laine pour la quantité effective de cette substance qu'ils contiennent, et que les exportateurs sont tenus de préciser;

Dans aucun cas, il ne peut y avoir ouverture à la prime additionnelle pour les châles brochés en pure laine, s'ils n'ont été soumis au découpage, c'est-à-dire si on n'a coupé et enlevé du côté de l'envers des tissus, les fils surabondans du broché. (*Déc. ministérielle du* 14 *juillet* 1836, *circ. du* 2 *août suivant*, *n°* 1558.)

SUCRES.

229—1014. Au 1° de cet article, ajouter après ces mots : Ordonnance du 8 juillet 1834; *Loi du* 2 *juillet* 1836, *art.* 2.

MÉLASSES.

230—1014. Prime supprimée à partir du 1er janvier 1837. (*Loi du* 2 *juillet* 1836. *Voir la circ. n°* 1551.)

ACIDES NITRIQUE ET SULFURIQUE.

231—1014. Au 8° de cet article, mettre : La prime est fixée comme suit :

| | | |
|---|---|---|
| Acide sulfurique, | 0 fr. 50 c. | par 100 kil. net d'acide. |
| Acide nitrique, | 14 fr. 00 | |

(*Loi du* 5 *juillet* 1836, *ordonn. du* 4 *décembre suivant.*)

Ont seuls droit à ce remboursement les acides dont la concentration est amenée :

Celle de l'acide sulfurique au moins à 64° } de l'aréomètre de Baumé. (*Loi du 5 juillet*
Celle de l'acide nitrique au moins à 34° } 1836, *ordonn. du 4 décembre suivant.*)

CHAPEAUX DE PAILLE.

232—1014. Au titre cité, ajouter : *Loi du 5 juillet* 1836, puis ces mots : La prime n'est accordée qu'aux seuls chapeaux fins à tresses engrenées, passibles du droit de 1 fr. 25 c. pièce. (*Même loi, et circ. n°* 1551.)

MACHINES A FEU.

233—1014. Mettre après 13°, sous le n° 14 : Les droits perçus sur les fontes employées à la fabrication des machines à feu sont remboursés sur les machines d'une force de 100 chevaux au moins, placées à bord des navires destinés à la navigation maritime. (*Loi du 5 juillet* 1835, *art.* 5.)

*Nota.* Cette prime n'est pas encore réglée.

CONSTATATION DE LA VISITE.

234—1015. Page 132. Au nombre des bureaux qui peuvent constater la sortie définitive des marchandises de primes, se trouve le bureau du *Villers.* (*Déc. min. du* 2 *mars* 1836, *circ. n°* 1536.)

235—1048 et 1049. Lorsque par suite de procès-verbaux ou d'autres actes conservatoires dressés par les agens des douanes, la fausseté des déclarations faites pour obtenir une prime quelconque a été reconnue, soit quant à la valeur, soit quant à l'espèce ou au poids des marchandises, le déclarant est passible d'une amende égale au triple de la somme que sa fausse déclaration aurait pu lui faire allouer en sus de ce qui lui est réellement dû, et, néanmoins, la prime légale est liquidée pour ce qui est exporté. (*Loi du 5 juillet* 1836, *art.* 1er.)

CONTRE-VISITE A LA FRONTIÈRE.

236—1065. Cet article est remplacé par l'article 1er de la loi du 5 juillet 1836, cité à l'article précédent.

PASSAGE A L'ÉTRANGER PAR MER.

237—1074. Les marchandises de primes, vérifiées dans un port qui ne touche pas immédiatement à l'étranger, sont mises sous plomb pour en assurer le passage définitif en haute mer. Le prix de chaque plomb est payé 25 centimes. (*Loi du 2 juillet* 1836, *art.* 21.)

*Additions et rectifications.*

EXPORTATIONS.

238.—Page 118, 10e ligne, au lieu de : 28 avril 1813, art. 13, lire : 28 avril 1816, art. 16.

VÉRIFICATION DES MARCHANDISES.

239.—931. Au lieu de : art. 14 et 17, lire : art. 16.

240.—939. On a imprimé : circ. du 20 janvier 1817, il faut : 30 janvier 1817.

241.—941. Les marchandises, déclarées pour l'exportation par mer, sont transportées aussitôt la vérification, à bord des navires destinés à les recevoir, sans qu'elles puissent, hors les cas d'avaries, de naufrage et autres semblables, rentrer dans les magasins des dans d'autres maisons, à peine de cent francs d'amende. ( *Loi du* 22 *août* 1791, *titre* 2, *art.* 26. )

242—941. La perception des droits de sortie ne doit jamais être au dessous de 0, 25 centimes. La liquidation est forcée jusqu'à ce taux, si le principal du droit, d'après la liquidation, ne le produit pas. Toutefois, le forcement ne peut s'établir que sur le total de la quittance, et non sur une perception partielle. ( *Loi du* 27 *mars* 1817, *art.* 3, *circ. du* 28 *mars* 1817, *tarif, édit. de* 1822.)

## EMBARQUEMENT.

243—951. Au lieu de : Circ. du 3 janvier 1817, lire : 30 janvier.

## PROVISIONS DE BORD.

244—960. Les capitaines des navires français sont autorisés à prendre dans les entrepôts les objets nécessaires à l'approvisionnement de leur bord; ils acquittent, dans ce cas, le droit de 51 centimes par 100 kilogrammes, ou 15 centimes par 100 francs de valeur sur les objets qu'ils ont embarqués. (*Circ. du* 15 *juillet* 1830. )

Les navires expédiés à la pêche de la baleine ne pouvant, sous aucun prétexte, charger des marchandises de réexportation, c'est par tolérance que l'on peut permettre qu'ils prennent leurs vivres et provisions dans les entrepôts. ( *Lett. adm. du* 8 *juillet* 1836. )

245—964. Les tissus de coton et de soie ne peuvent être considérés comme provisions de bord. ( *Lett. adm. du* 5 *décembre* 1829. )

*Nota.* La circulaire citée à cet article est du 2 ventose an 11 et non an 2.

246.—969. Les navires anglais, nonobstant le traité conclu le 26 janvier 1826, s'approvisionnant dans nos ports comme les autres navires étrangers, il ne pourrait y avoir exception en leur faveur qu'autant que l'immunité existerait pour les navires français. ( *Lett. adm. des* 28 *avril* 1826, *et* 27 *février* 1830.)

247—972. La destination du navire pour la pêche de la morue doit être justifiée par les papiers de bord. Les quantités à embarquer en exemption de droits sont calculées à raison d'un kilogramme de biscuit et d'un kilogramme de viande salée, par jour, pour chaque homme, pendant la durée de l'expédition, laquelle ne peut excéder huit mois. ( *Circ. du* 22 *octobre* 1829, *n°* 1185.)

248—974. La douane permet que le bois à brûler dont les capitaines peuvent avoir besoin pour la cuisine du bord soit embarqué sur leurs navires. Elle exige 0,10 centimes par stère pour le bois à corder, et 0,40 centimes pour celui en fagots par 100 fagots. (*Tarif de* 1822, *et lett. adm. du* 9 *octobre* 1824. )

## EXPORTATIONS PAR TERRE.

249—989. Au lieu de : 27 novembre 1310, lire : 27 novembre 1810.

## EXPORTATIONS AVEC PRIMES.

250 Page 132. 2e alinéa, au lieu de : Circ. du 9 mars, mettre : 19 mars.

251—1021. Il y a également un jury spécial d'examen, établi à *Morlaix*, à *Caen* et à *Toulon.*

252—1024. Au lieu de : Circ. du 27 janvier 1832, lire : 27 janvier 1823.

4

253—1043. Les échantillons des tissus de laine que prélèvent les employés, lorsque des tissus sont exportés avec primes, doivent avoir au moins 6 à 7 centimètres de largeur entre les deux lisières. ( *Circ. n°* 634. )

254—1076. Au lieu de : 25 novembre, mettre : 25 septembre.

# TITRE XIII.

## NAVIGATION.

*Changements, ou modifications, survenus en* 1836.

### CHANGEMENTS DE NOMS DES NAVIRES.

255—1113. Les noms sous lesquels les navires du commerce sont inscrits au registre des francisations, ni ceux que les navires nouvellement francisés recevront à l'avenir, ne peuvent plus être changés. (*Loi du 5 juillet* 1836, *art.* 8, *circ. n°* 1554. )

### RENOUVELLEMENT DES CONGÉS.

256—1142. Au titre cité ajouter : Circ. du 25 novembre 1836, n° 1581.

*Nota.* Lors du renouvellement des congés, il faut indiquer, sur celui qui reste déposé à la douane, la date et le n° du nouveau congé, le bureau qui l'a délivré, ainsi que la destination ultérieure du navire. ( *Circ. du* 27 *août* 1836, *n°* 1562. )

### DROIT DE FRANCISATION.

257—1152. Le droit de francisation doit être perçu et porté en recette, quand on délivre, soit le brevet définitif, soit l'acte qui le remplace provisoirement dans les cas prévus par les circulaires n°s 1175 et 1432. (*Circ. du* 5 *août* 1836, *n°* 1559.)

### DROIT DE TRANSFERT.

258—1153. A la lettre citée ajouter : *Circ. du* 23 *juillet* 1836, *n°* 1554.

### DROIT DE TONNAGE.

259—1158. Ligne 9 de la page 253, au lieu de : 1 fr. 50 cent., lire : 1 fr.; et aux titres cités ajouter : *Loi du* 2 *juillet* 1836, *art.* 5.

260—1159. A l'article *Navires anglais*, ajouter après les mots : *Circ. du* 5, ceux-ci : *Loi du* 2 *juillet* 1836, *art.* 5.

261—1159. Ajouter à la fin de l'article ce qui suit :

Navires mecklembourgeois (1). Ils acquittent les droits dus par les navires français,

---

(1) C'est-à-dire, ceux dont le propriétaire et les officiers sont sujets mecklembourgeois, et qui ont un équipage composé, pour les deux tiers au moins, de sujets du Mecklembourg ou d'autres états de la Confédération, avec lesquels la France pourrait être liée par des stipulations commerciales. ( *Traité du* 19 *juillet* 1836, *art.* 4.)

quand ils viennent *sur lest* d'un port quelconque, et que *chargés* ils arrivent en *droiture* des ports du Mecklembourg. ( *Traité du* 19 *juillet* 1836 , *et circ. n°* 1567. )

262. Page 157. Après le 5° de la 3e ligne, ajouter : 6° Les navires mecklembourgeois, de quelque lieu qu'ils viennent, et quelle que soit leur destination, pourvu que la relâche soit forcée, et qu'elle ne soit suivie d'aucune opération de commerce. ( *Traité du* 19 *juillet* 1836, *circ. n°* 1567. )

263—1161. A la nomenclature des navires étrangers ajouter : Mecklembourgeois. ( *Traité du* 19 *juillet* 1836. )

DROITS D'ACQUITS, PERMIS, ETC.

264—1167. Aux navires qui n'acquittent que le droit de 50 centimes, comme les bâtiments français, ajouter : Mecklembourgeois. (*Traité du* 19 *juillet* 1836.)

*Additions et rectifications.*

NATIONALITÉ DES NAVIRES.

265—1088. Au lieu de : Loi du 27 vendémiaire an 2, mettre : Loi du 21 septembre 1793, art. 2.

FRANCISATION.

266—1117. Les canots, pour être exempts de la francisation, ne doivent servir qu'à l'usage personnel des habitants voisins de la côte, à l'exclusion de tout transport de marchandises. (*Circ. du* 31 *octobre* 1828, *et* 15 *avril* 1803.)

267—1118. Ajouter à cet article : Mais les propriétaires de ces bâtiments sont tenus de se munir d'un congé de police. (*Voir n°* 1146.)

268—1119. Il est tenu, dans chaque bureau de douane, un dossier (série N, n° 5) où sont indiqués les changements survenus au navire, et les propriétaires auxquels il a successivement appartenu, etc. Lorsque le bâtiment cesse d'appartenir au port où il a été francisé, le dossier est transmis dans le port de nouvelle attache. ( *Circul. du* 19 *février* 1833, *n°* 1374, *voir n°* 1199 *et suiv.*)

CONGÉS.

269—1135. A la ligne 2 de cet article, au lieu de : Il donne toutes les indications, mettre : Il donne les principales indications, etc.

270—1139—1141. Au lieu de : Circ. du 9 février 1828, lire : Circ. du 9 mai.

271—1144. Après ces mots : de 3 francs, ajouter : S'ils sont pontés, et de 1 fr. s'ils ne le sont pas.

DROITS DE NAVIGATION.

272—1153. Au lieu de : Circ. du 30 avril, lire : Circ. du 3 avril.

273—1156. Au lieu de : Titre 13, il faut : Titre 3.

274. Page 153. A la 3e ligne, on a imprimé : exportation, il faut lire : expédition.

RADOUB DES NAVIRES ÉTRANGERS.

275—1159 *bis*. Lorsque des navires étrangers se trouvant dans les ports de France, ont besoin d'y être réparés, ils peuvent recevoir les réparations que leur état nécessite. Les droits de sortie ne sont dus que sur les matériaux qui ne sont pas mis en œuvre pour la coque même du navire. (*Décis. admin. des* 17 *février* 1798 *et* 11 *janvier* 1800.)

Ces bâtiments ne peuvent apporter de l'étranger le cuivre nécessaire à leur doublage. (*Lett. admin. du 1er mai* 1828.)

EXEMPTION DES DROITS DE TONNAGE.

276—1160. Page 154. 6° Au lieu de : Décision du 12 germinal an 12, lire : 12 germinal an 13.

277. Page 154, 29e ligne. Au lieu de : 27 décembre 1825, lire : 27 décembre 1826.

278. Page 156, 4e ligne. Au lieu de : 20 novembre 1831, lire : 29 novembre.

DROITS D'ACQUITS, PERMIS, CERTIFICATS.

279—1168. Effacer à la 1re ligne le mot *permis* qui s'y trouve par erreur.

280—1172. On a imprimé : Décret du 10 mars 1819 ; il faut lire : 10 mars 1809.

281—1174. Au lieu de : 25 brumaire an 5, lire : 25 brumaire an 6.

DROITS DE BASSIN.

282—1181. A la 2e ligne, au lieu de ces mots : Qui, après avoir été désarmés, mettre : Qui, *trois mois* après avoir été désarmés, etc.

*Nota.* Au port du Havre les droits de 75, 30 et 15 cent. par tonneau sont dus pour les navires étrangers *exclusivement chargés de bois de sapin*, placés dans les *bassins à flot* (*Loi du* 12 *floréal an* 11 *et* 29 *juin* 1833), et la moitié du droit est seulement exigible, si ces navires restent dans les bassins *non à flot* (avant-port). (*Lois des* 25 *mars* 1806 *et* 29 *juin* 1833.) Pour tous les autres cas, on se conforme au tarif de péage établi par la loi du 24 mars 1835, lequel tarif est annexé à la loi du 28 juin 1829, *Bulletin des lois*, n° 299.

Cette taxe n'est pas passible du décime. (*Déc. minist. du* 5 *septembre* 1829.)

POLICE DES NAVIRES.

283.—1195. On a imprimé : Loi du 17 vendémiaire, lire : 27 vendémiaire.

# TITRE XIV.

## LOCALITÉS ET MARCHANDISES SOUMISES A UN RÉGIME EXCEPTIONNEL.

*Changements, ou modifications, survenus en* 1836.

ILE DE CORSE.

283 *bis*—1229. Le port de *Cervione* est au nombre de ceux par lesquels l'importation des céréales en Corse est permise en se conformant aux réglements (*Ordon. du* 17 *janvier* 1830.)

*Nota.* Effacer à l'article 1229 les ports de *St-Florent* et de *Prunettes*.

EXPÉDITIONS DE LA CORSE POUR LA FRANCE.

284—1233. On peut, toutefois, expédier en franchise pour les 4 ports désignés les marchandises ci-après :

Brai sec ;

Chanvre et lin teillés et peignés ; } Lorsque l'origine en est constatée au vu des échantillons par les commissaires-experts du gouvernement.
Fer étiré en barres de toutes dimensions, }

Fontes en masses pesant plus de vingt cinq kilogrammes ;

Goudron, groisil, poissons de mer salés dans les ateliers situés à la résidence des receveurs des douanes, potasses, soies grèges, soude naturelle, tartre brut et marbres sciés. (*Ordonn. des 26 février et 8 août 1836, circ. n° 1533.*)

285—1233. L'acquit-à-caution destiné à assurer le transport de ces marchandises est subordonné aux conditions suivantes : le fabricant ou chef d'atelier est tenu de déclarer préalablement au bureau des douanes la situation de son établissement, l'espèce et la quantité présumée des produits, ainsi que la nature et l'origine des matières employées à leur fabrication.

Les établissements ainsi déclarés sont soumis aux visites et exercices des employés des douanes, qui peuvent y procéder sans le concours des autorités locales.

Les produits ainsi expédiés (les huiles et les céréales également) doivent être accompagnés de certificats d'origine délivrés par les maires des communes, et visés par le préfet, qui prend, au préalable, l'avis du directeur des douanes. (*Mêmes ordonn. et même circ.*)

286—1237. Ajouter aux marchandises que cet article désigne : Brai sec, goudron, lins teillés et peignés, fonte, groisil, soude naturelle, tartre brut, marbres sciés. (*Ordonn. des 26 février et 8 août 1836, circ. 1533.*)

## PACAGE DES BESTIAUX AU-DELA DE LA LIGNE DES BUREAUX.

287—{1270—1274. 1277—1280. 1284—1288.} Aux titres cités ajouter : Loi du 2 juillet 1836, art. 22 et circ. n° 1552.

*Nota.* Il peut être fait remise du droit de sortie sur les déficits reconnus à la rentrée des bestiaux, ainsi que du droit d'entrée dû sur les jeunes sujets nés à l'étranger (*Loi du 2 juillet 1836, art. 22.*)

288—1291. Le droit à exiger sur les pertes éprouvées en France par les troupeaux étrangers est toujours le simple droit, à moins de soupçon de fraude. (*Circ. du 18 juillet 1836, n° 1552.*)

## RECHERCHE DES MARCHANDISES DANS L'INTÉRIEUR DE LA FRANCE.

### MARQUE DE FABRIQUE.

289—1317. Le 5° de cet article est remplacé par la disposition suivante :

### MARQUE SPÉCIALE AUX TULLES.

Tout fabricant de tulle de coton doit faire, soit au greffe du tribunal de commerce, soit au secrétariat du conseil des prud'hommes de son arrondissement, une déclaration indiquant le nombre de ses métiers, leur largeur, le nombre des pointes dans les barres de chaque métier, leur système de construction (*levers, circulaires ou autres*); il donne un numéro à chacun de ses métiers, en suivant une série régulière. (*Ordonn. du 1er avril 1836, art. 1er.*)

Il est tenu d'apposer aux deux bouts de chaque pièce écrue, aussitôt qu'elle a été démontée du métier, une inscription indiquant son nom, celui de la commune de sa résidence, le numéro d'ordre de son registre de fabrication, et le numéro du métier. Cette inscription, rendue indélébile par l'emploi du *chlorure de manganèse* exclusivement à tout autre procédé, est apposée au moyen d'une estampille dont les caractères doivent être parfaitement lisibles, et ne peuvent être moindres d'un demi-centimètre de hauteur. (*Même ordonn. art. 2.*)

Indépendamment de cette première estampille, les pièces de tulle destinées à être divisées en bande, doivent porter aux deux bouts de chaque bande une seconde estampille apposée dans la longueur de la bande, toujours au moyen du chlorure de manganèse; cette seconde estampille indique, comme la première, les noms du fabricant et de la commune de sa résidence; le numéro d'ordre du registre et celui du métier y sont rappelés; elle n'est point nécessaire pour les pièces de *picot* ou pour les *frivolités* en écru qui n'ont pas plus d'un centimètre de hauteur, lesquelles suivent le même régime que les pièces unies qui ne sont pas destinées à être en bandes. (*Ordonn. du* 1er *avril* 1836, *art.* 3.)

Un modèle ou empreinte de chacune de ces estampilles doit être déposé par le fabricant, soit au greffe du tribunal de commerce, soit au secrétariat du conseil des prud'hommes, pour y être conservé. (*Même ordonn.*, *art.* 4.)

Les contraventions aux dispositions qui précèdent donnent lieu à l'application des articles 42 et 43 de la loi du 21 avril 1818. (*Même ordonn.*, *art.* 6.)

## MARCHANDISES SAISIES.

290—1321. Dans les saisies de marchandises trouvées en fraude dans l'intérieur du royaume, l'inexécution des formalités prescrites par le titre 6 de la loi du 8 avril 1816 n'entraîne pas la nullité des procès-verbaux. (*Arrêt de cass. du* 6 *août* 1836, *circ. du* 16 *septembre suivant*, *n°* 1566.)

## EFFETS PORTÉS ET VÊTEMENTS NEUFS.

291—1342. Après les mots : *autres effets*, ajouter : *neufs*, et après le titre cité mettre : *Loi du* 2 *juillet* 1836, *section* 1re.

## PÊCHE DE LA MORUE.

### PRIMES A L'ARMEMENT.

292—1358. Cet article est modifié comme suit :

La prime à l'armement pour la pêche et sécherie aux îles de Saint-Pierre et Miquelon, fixée à 50 francs par homme d'équipage par l'article 3 de la loi du 22 avril 1832, est réduite à 40 francs. (*Loi du* 9 *juillet* 1836, *art.* 3, *circ. n°* 1593.)

L'article 3 de la loi précitée ne peut avoir son effet que sous la condition d'embarquer au moins 50 hommes si le navire jauge 188 tonneaux et au dessus, ou 30 hommes si le navire jauge moins de 188 tonneaux. (*Même loi*, *art.* 4, *et même circ.*)

La loi du 22 avril 1832 sur la pêche de la morue continue à être en vigueur jusqu'au dernier jour de février 1842, sous les modifications qui suivent :

### PRIMES POUR LES PRODUITS.

A partir du 1er mars 1837, les primes accordées par quintal métrique de morues sèches de pêche française introduites aux colonies françaises sont réduites, savoir :

A vingt francs, sur les morues exportées des ports de France pour cette dernière destination;

A vingt-six francs, sur les morues qui y sont transportées directement de Saint-Pierre et Miquelon, et des côtes de Terre-Neuve directement, ou des ports de France, quand elles y ont été entreposées.

A partir du 1er mars 1838, ces primes diminuent chaque année de un franc, de sorte qu'elles ne seront plus, du 1er mars 1841 au dernier jour de février 1842, que de seize francs par quintal métrique de morues importées de France aux colonies : de vingt-deux francs par quintal métrique pour celles qui y sont transportées directement de Saint-Pierre et Miquelon et des côtes de Terre-Neuve, ou des ports de France quand elles y ont été entreposées. (*Loi du* 9 *juillet* 1836, *art.* 1 *et* 2, *circ. n°* 1593.)

DÉPART POUR LA PÊCHE.

293—1359. A l'article cité ajouter : Elle exprime, en outre, si l'armateur a l'intention de faire sécher le produit de la pêche. (*Ordonnance du* 2 *septembre* 1836, *modèle* A.)

RETOUR DES NAVIRES.

294—1362. Les armateurs qui ont expédié des navires pour la pêche de la morue au grand banc de Terre-Neuve, avec l'intention de faire sécher le produit de leur pêche, ont à justifier, au retour, que cette destination a été remplie, savoir :

Pour les morues séchées à Saint-Pierre et Miquelon, par le certificat du commandant et administrateur de ces îles. (*Modèle* B.)

Pour celles séchées à la côte de Terre-Neuve, par une attestation de l'un des capitaines ou officiers des bâtiments de l'état formant la station dans ces parages, ou à défaut par le capitaine prud'homme du havre le plus voisin du lieu de la sécherie, ou enfin, s'il y a impossibilité, par trois capitaines de navires armés pour la pêche et appartenant à d'autres armateurs que celui du navire du banc. (*Modèle* B.)

Ce certificat est remis au commissaire de la marine. (*Ordonn. du* 2 *septembre* 1836, *art.* 1 *et* 2.)

MISE DES MORUES EN ENTREPOT A LEUR ARRIVÉE EN FRANCE.

295—1367 *bis*. Les morues séchées à Saint-Pierre et Miquelon, ou à la côte de Terre-Neuve, peuvent, à leur arrivée en France, être placées en entrepôt, pour être ultérieurement réexportées aux colonies françaises, avec jouissance de la prime accordée par l'article 2 de la loi du 9 juillet 1836 (1).

Les demandes d'admission en entrepôt présentées pour les morues sèches provenant du grand Banc doivent être accompagnées du certificat de sécherie à Saint-Pierre et Miquelon ou à la côte de Terre-Neuve, prescrit par l'article 1er de l'ordonnance du 2 septembre 1836 (2). (*Ordonnance du* 2 *septembre* 1836, *art.* 3.)

Les magasins affectés à l'entrepôt doivent être agréés par la douane, et être fermés de la clef de l'administration et de celle du propriétaire.

Les employés des douanes tiennent un compte ouvert pour l'entrée et la sortie des morues ainsi entreposées. (*Même ordonnance*, *art.* 4.)

Les morues sortant d'entrepôt pour l'exportation aux colonies, avec jouissance de la prime, ne peuvent être expédiées qu'après que la bonne qualité en a été reconnue et

---

(1) Les morues *pêchées et séchées* à Saint-Pierre et Miquelon et sur les côtes de Terre-Neuve, peuvent également être entreposées. Leur provenance est justifiée dans la forme ordinaire. (*Voir n°* 1362.)

(2) Les quantités portées aux certificats sont conservées ou modifiées par la vérification, sans toutefois que le résultat de celle-ci puisse donner un poids supérieur à celui du certificat présenté. (*Circ. du* 28 *décembre* 1836, *n°* 1593.)

constatée par deux courtiers de commerce et deux employés des douanes. (*Voir n° 1368.*)

La provenance et l'embarquement desdites morues sont constatés dans la forme du certificat (modèle C) annexé à l'ordonnance.

Dans le cas où l'expédition n'a pas lieu directement du port d'entrepôt, la morue peut être dirigée sur le port de départ, mais seulement après avoir été emboucautée, et sous la garantie du plombage et d'un passavant contenant les indications nécessaires pour la rédaction du certificat de chargement (1).

Le prix des plombs, dans ce cas, est de vingt-cinq centimes. (*Même ordonn., art.* 5, *et circ. n°* 1593.)

Les morues extraites de l'entrepôt pour quelque cause que ce soit ne peuvent y être réadmises.

Toutes violations de l'entrepôt, soit par le bris ou l'enlèvement des moyens de clôture, soit autrement, font perdre à la morue entreposée le bénéfice de l'entrepôt.

Les armateurs peuvent en tout temps s'affranchir de l'accomplissement desdites conditions, en renonçant volontairement au bénéfice de l'entrepôt. (*Même ordonn., art.* 6.)

296—1367 *ter*. Les armateurs ont à produire, pour la liquidation de la prime des morues exportées des entrepôts, avec les pièces (modèle n°s 8, 9 et 10) mentionnées dans l'ordonnance du 26 avril 1833, un certificat de chargement (modèle C). (*Même ordonn., art.* 7.)

## PÊCHE DE LA BALEINE.

### PRIMES POUR LES PRODUITS.

297—1371. La loi du 22 avril 1832 relative à la pêche de la baleine, dont l'article 10 a limité l'effet au dernier jour de février 1837, continue à être en vigueur jusqu'au dernier jour de février 1842, sous les modifications suivantes.

Les primes accordées par l'article 1er de ladite loi aux armements pour la pêche de la baleine, soit dans les mers du Nord, soit dans les mers du Sud, sont réduites, du 1er mars 1837 au dernier février 1838, savoir : par tonneau de jaugeage ;

A cinquante francs, sur les armements composés entièrement de Français : cette prime continue à diminuer chaque année de quatre francs, de sorte qu'elle ne sera plus que de trente-quatre francs, du 1er mars 1841 au dernier février 1842 ;

A trente-sept francs, sur les armements dont l'équipage est en partie étranger, dans les limites de l'article 4 : cette prime diminue de trois francs par année, conséquemment elle ne sera plus que de vingt-cinq francs du 1er mars 1841 au dernier février 1842.

Les primes supplémentaires acquises au retour, dans les cas prévus par l'article 2 de ladite loi, sont réduites, du 1er mars 1837 au dernier jour de février 1838 :

A trente-cinq francs par tonneau, sur les armements entièrement composés de Français : cette prime décroît de trois francs par année, de manière qu'elle ne sera plus que de vingt-trois francs, du 1er mars 1841 à la fin de février 1842 ;

---

(1) Lorsque la sortie a lieu par suite d'une déclaration d'expédition, une seconde vérification est faite pour établir la liquidation de la prime. La quantité ainsi expédiée ne peut jamais être supérieure à celle entreposée. Les déficits ne donnent lieu à aucune poursuite. (*Circ. du* 28 *décembre* 1836, n° 1593.)

A dix-huit francs cinquante centimes, sur les armements composés d'équipages mixtes: elle décroît de un franc cinquante centimes par année; ainsi elle ne sera plus que de douze francs cinquante centimes, du 1er mars 1841 à la fin de février 1842. (*Loi du 9 juillet* 1836, *art.* 1, 2 *et* 3, *circ. n°* 1596.)

LIBRAIRIE.

298—1384. Aux titres cités ajouter : Loi du 2 juillet 1836, section 1re.

GRAINS.

299—1495. Après le *Nota* ajouter : Voir pour le port d'Harfleur l'ordonnance du 28 octobre 1836.

*Additions et rectifications.*

PROPRIÉTÉS LIMITROPHES.

300—1203. Au *Nota*, au lieu de: Circulaire du 29 novembre, lire : 29 septembre.

301—1209 et 1810. La circulaire citée est du 17 juillet 1819.

302—1216. Au lieu de : 3 septembre 1834, lire : 1824.

ILE DE CORSE.

303—1230. Au lieu de : 21 avril 1813, lire: 1818.

PORT DE MARSEILLE.

304—1249. L'immunité dont jouissent, à leur entrée à Marseille, les denrées imposées à moins de 15 francs par quintal, n'est accordée qu'autant que la marchandise est livrée à la consommation à Marseille. Si elle est conduite dans un autre port ou bureau par suite d'entrepôt, ou en transit, elle acquitte les droits ordinaires. (*Lett. adm. du* 9 *mars* 1836.)

305—1257. Le titre cité doit être rétabli ainsi : Ordonn. du 10 septembre 1817, art. 12.

PACAGE DES BESTIAUX.

306—1295. Au lieu de : Circ. du 7 mars 1825, lire: 1826.

307—Page 176, 2e ligne, au lieu de : 26 mai et 1er décembre 1829, lire : 1819.

308—1323. Rétablir le titre cité comme suit: Loi du 21 avril 1818, art. 43.

EFFETS ET VOITURES DES VOYAGEURS.

309—Page 179, 16e ligne. L'arrêté ministériel cité est du 25 septembre 1824, au lieu de : 1834.

310—1342. L'appréciation des faits et des circonstances auxquelles la loi subordonne la dérogation à la prohibition en faveur des effets neufs des voyageurs, est placée sous la responsabilité des chefs de service. En cas de doute, il en est référé à l'administration: les articles compris dans le bagage que la douane ne juge pas devoir être admis sont réexportés, s'ils sont prohibés; dans le cas contraire, ils acquittent les droits, à moins que le propriétaire ne préfère les réexporter. (*Circ. du* 14 *juin* 1834, n° 1442, *et instruction adm.*)

OUVRAGES D'OR ET D'ARGENT.

311—1397. Au 2°, au lieu de : Loi du 19 brumaire an 6, art. 6, lire: art. 23.

**312—1405.** Si les ouvrages présentés à la sortie sont dépourvus de poinçon de garantie, ou s'ils sont revêtus de faux poinçons, ils sont saisissables (voir n° 1409). (*Déc. minist. du* 10 *thermidor an* 8; *circ. du* 28 *janvier* 1802.)

L'horlogerie du département du Doubs est exemptée du poinçonnage, lorsqu'à la demande du fabricant et en sa présence, elle est mise sous le cachet du bureau de la douane, et que sa sortie est légalement justifiée. (*Décret du* 21 *août* 1806.)

313—1409. La confiscation d'une boîte de montre pour défaut de marques entraîne celle du mouvement. (*Loi du* 19 *brumaire an* 6, *art.* 107; *arr. de cass. du* 15 *frimaire an* 14.)

La confiscation, pour défaut de marques de garantie d'ouvrages dans lesquels sont enchâssées des pierres précieuses, n'a lieu que pour les matières d'or et d'argent seulement. (*Arr. de cass. des* 2 *juillet* 1812, *et* 15 *février* 1817.)

Les préposés des douanes reçoivent, comme *indicateurs*, lorsqu'il y a saisie, la part à laquelle ils auraient eu droit en qualité de saisissants (le 10e du produit de la vente des objets confisqués). (*Circ. n°* 1095.)

Lorsqu'il existe simultanément infraction aux lois sur la garantie et aux lois de douanes, cette dernière infraction est seule constatée par les employés des douanes. (*Même circ.*)

BOISSONS.

314—1417. On a imprimé : 20 mars 1817; il faut : 20 mai.

315—1418. Au lieu de : 6 juin 1823, lire : 6 juin 1813.

316—1423. Les vins en futailles, expédiés par la voie du cabotage, peuvent être débarqués dans tous les ports qui se trouvent sur la route du navire, bien que la destination de celui-ci ne soit pas atteinte. On indique, en pareil cas, sur le passavant, les quantités débarquées. (*Lettre adm. du* 13 *octobre* 1831.)

CARTES.

317—Page 195, 16e ligne. On a imprimé : décret du 19 juin; il faut lire : 16 juin.

POUDRES A FEU.

318—1470. Lire : Loi du 28 avril 1816, art. 166, au lieu de : 28 avril 1817, art. 169.

319—Page 196, 3e ligne. Au lieu de : 15 fructidor an 5, lire : 13 fructidor.

320—1472. *Nota.* Quoique, dans les contraventions en matière de poudres à feu, la saisie des moyens de transport ne soit pas formellement autorisée, l'administration a pensé qu'elle était de droit, et que les procès-verbaux devaient la mentionner. (*Lett. adm. des* 8 *juillet et* 11 *octobre* 1833.)

# TITRE XV.

## COLONIES ET COMMERCE DE L'INDE.

*Changements, ou modifications, survenus en* 1836.

MARCHANDISES CHARGÉES SOUS VOILES.

321—1551. Les droits spéciaux à acquitter en France à titre de droits accessoires sur les marchandises chargées sous voiles aux colonies cessent d'être dus pour les sucres, confitures et sirops qui ont été expédiés de la Martinique et de la Guadeloupe, postérieurement au 1er janvier 1837. (*Ordonn.* 10 *octobre* 1835, *circ. du* 20 *avril* 1836, *n°* 1541.)

### SUCRES DESTINÉS A ÊTRE IMMÉDIATEMENT RÉEXPORTÉS.

322.—1551 *bis*. Un capitaine venu directement de nos colonies des Antilles, avec des sucres destinés à être immédiatement réexportés pour l'étranger, peut, sans être tenu de les débarquer, reprendre immédiatement la mer en remplissant les formalités suivantes : Il dépose dans les 24 heures de l'entrée son manifeste, lequel est enregistré dans la forme ordinaire; les expéditions délivrées aux colonies sont remises à titre de déclaration par le consignataire, dispensé de lever des permis, et il en est fait enregistrement au registre, série M, n° 18, ainsi qu'au sommier d'entrepôt, tant à *l'entrée* qu'à la *sortie*.

La douane, avant de régulariser les expéditions, s'assure, toutefois, de l'existence à bord des sucres qu'elles mentionnent; elle procède à cette vérification de manière à épargner au commerce les frais et les retards qui peuvent lui être évités. (*Arr. du min. des finances du* 13 *juin* 1836, *circ. du* 21, *n°* 1548.)

### ACQUITS-A-CAUTION DÉCHARGÉS AUX COLONIES.

323—1556. Les actes de décharge apposés aux colonies, sur les acquits-à-caution délivrés en France, doivent être légalisés par le directeur ou l'inspecteur de la douane coloniale, ou, à défaut d'un employé supérieur de ce grade, par le fonctionnaire qui en tient lieu. (*Circ. du* 14 *octobre* 1836, *n°* 1570.)

### ILES DE LA SONDE OU DES PARTIES DE L'ASIE, ETC.

324—1574. Ajouter au titre cité; *Loi du* 2 *juillet* 1836.

325—1575 *bis*. Les marchandises venant en droiture par navires français de *Singapour*, île située à l'extrémité orientale du détroit de Malaca, ne sont admises à jouir de la déduction du 5e des droits, qu'autant que les navires qui en effectuent le transport ont franchi, à leur retour, l'un des passages des îles de la Sonde. (*Déc. minist. du* 15 *octobre* 1836, *circ. n°* 1568.)

*Additions et rectifications.*

### ARMEMENT POUR LES COLONIES.

326—1520. On a imprimé : loi du 27 juillet 1832; lire : 1822.

327—1521. Voici le titre à rappeler : Circ. du 26 janvier 1824, n° 850.

### RETOUR DES NAVIRES EN FRANCE.

328—1543. Si, lorsque les navires effectuent leur retour des colonies, des boîtes renfermant des fruits des Antilles françaises, préparés selon la méthode d'Appert, sont présentées en douane, on peut se dispenser de les ouvrir toutes, lorsque les résultats de la vérification, par épreuve, confirment l'énoncé de la déclaration. C'est au chef de service à désigner, chaque fois, le nombre de boîtes à ouvrir. (*Circ. manusc. du* 11 *juillet* 1836.)

SÉNÉGAL ET ILE DE GORÉE.

329—1559. 7° page 210, au lieu de : Circulaire du 22 janvier 1829, lire : 22 janvier 1819.
330—1560 *ter*. Au lieu de : voir n° 615, mettre : n° 619.

ÉTABLISSEMENTS HORS D'EUROPE.

331—1571. Au *Nota*, lire : l'ordonnance du 15 octobre, au lieu de : l'ordonnance du 13 octobre.

# TITRE XVI.

## SELS.

---

*Changements, ou modifications, survenus en* 1836.

332. Néant.

*Additions et rectifications.*

ENLÈVEMENT ET EXPÉDITION DES SELS.

333—1602. Au lieu de : Loi du 4 avril 1816, lire : 24 avril 1806.
334—1611. Au lieu de : Décision du 22 septembre 1817, lire : 1818.
335—1624. On a imprimé : 5 avril 1818, il faut : 5 avril 1808.
336—1632. 1° Au lieu de 12 septembre 1812, lire : 12 septembre 1816.

EAUX DE LA MER.

337—1639. Lorsque l'administration accorde aux habitants voisins de la mer la permission d'enlever des eaux salées, il est pris, par les chefs de service, les mesures propres à prévenir les abus. Les quantités peu importantes qui sont enlevées sans permis, sont immédiatement répandues. (*Déc. admin. du* 31 *mai* 1825.)

*Nota*. Si les enlèvements d'eau de mer sont considérables, il y a présomption légale qu'ils sont destinés à faciliter les moyens de faire du sel. Il semble que, dans ce cas, l'eau devrait être saisie, ainsi que les moyens de transports, et les prévenus condamnés, en outre, à l'amende de 100 fr. conformément aux art. 51 et 57 de la loi du 24 avril 1806, et au décret du 18 août 1807. Néanmoins, la Cour de cass., par son arrêt du 12 juillet 1834, n'a pas partagé cette opinion ; elle a décidé que le décret de 1807 n'était pas applicable aux *transports d'eau salée*.

SELS RAFFINÉS.

338—1665. Au lieu de : 7 octobre 1817, lire : 7 octobre 1807.

ENTREPOT DES SELS.

339—1725. Au lieu de : Circ. du 12 juillet 1817, lire : Circ. du 22 juillet.

SELS EXPORTÉS.

340—1739. On a imprimé : Circ. du 9 décem. 1825, il faut : 1816.

## SELS DÉLIVRÉS POUR LA PÊCHE LOINTAINE.

340 *bis*—1750. Lorsque la quantité de sel mise à bord d'un navire allant à la grande pêche, n'a pas été constatée par une vérification effective, le passavant doit en faire mention, attendu qu'au retour il n'y a pas lieu à accorder de boni. (*Décision admin. du* 16 *février* 1835.)

## RETOUR DE LA PETITE PÊCHE.

341—1782. L'administration n'accorde jamais la réfaction du droit sur les déficits de sel que la vérification des employés des douanes fait reconnaître au retour de la petite pêche, qu'autant que l'avarie qui peut être survenue, et à laquelle le déficit est attribué, a été légalement justifiée. (*Lett. admin. du* 8 *août* 1836.)

## SALAISONS EN ATELIER.

342—1789. Au lieu de : Voir n° 178, lire : Voir n° 1758.

343—1807. Au lieu de : Circ. du 9 novembre 1816, lire : 9 octobre.

344—1809. On a imprimé : Loi du 7 juin 1826, il faut : 1820.

## SOUDES.

345—1819. Au lieu de : Décret du 13 octobre 1819, lire : 1809.

345 *bis*—1824. Au lieu de : Même décret, il faut : Décret du 13 octobre 1809.

## RESTITUTION DU DROIT SUR LES VIANDES EXPORTÉES.

346—1860. Les exportateurs qui demandent à jouir du remboursement du droit du sel employé à des salaisons qu'ils envoient à l'étranger, doivent produire une feuille de liquidation provisoire de la prime (série S, n° 62), faite par les employés du bureau de départ. (*Circ. du* 22 *novembre* 1820, *n°* 619.) (*L'autre circ. citée à l'article* 1860 *est du* 5 *juillet et non du* 5 *juin.*)

Si les viandes ont été embarquées sur un navire destiné pour les colonies ou pour la pêche de la morue, et que ce navire, avant son départ définitif, aille faire échelle dans un autre port de France, le directeur dans l'arrondissement duquel se trouve le port de première expédition, et celui qui a le port de départ définitif sous sa surveillance, ont chacun à produire des justifications distinctes pour assurer la régularité de l'expédition. (*Voir la circ. du* 26 *janvier* 1824, *n°* 850.)

Dans les douanes où il a été embarqué primitivement des salaisons à bord d'un navire qui se rend dans un second port, il est délivré un acquit-à-caution pour assurer l'arrivée intégrale de ces salaisons au port intermédiaire par lequel doit se consommer l'exportation. En cas de déficit, les quantités manquantes sont censées consommées, et il en est fait mention dans le certificat de décharge. La prime est réduite proportionnellement. (*Même circ.*)

347—1861. Lorsque, au retour d'un navire ayant embarqué des salaisons avec primes, l'admission des viandes réimportées n'est pas autorisée, ces viandes sont placées en entrepôt réel sous la double clef de la douane et du commerce. (*Circ. manus. du* 1<sup></sup>er *avril* 1834.)

348—1873. Au lieu de : Déc. du 20 décembre 1818, lire : 28 novembre.

# TITRE XVII.

## CONSTATATION DES DÉLITS ET CONTRAVENTIONS.

*Changements, ou modifications, survenus en 1836.*

### FORME OBLIGÉE A DONNER AUX RAPPORTS.

**349—1881.** Ajouter : Un nouvel arrêt de la Cour de cass. du 17 février 1836 a confirmé cette règle. ( *Circ. du* 28 *avril* 1836, *n°* 1543. )

**350—1913.** La mention, dans un rapport de saisie, que le procès-verbal *sera affiché* dans le jour à la porte du bureau, pour servir de notification aux prévenus absents, satisfait suffisamment au vœu de la loi. ( *Arrêt de cass. du* 17 *février* 1836, *circ. n°* 1543. )

**351—1937.** Le mot *attesté*, ou tout autre qui serait analogue, employé au lieu du mot *affirmé* sur un procès-verbal rédigé par les employés, ne suffit pas pour exprimer l'*affirmation* exigée par la loi. ( *Circ. du* 4 *mars* 1836, *n°* 1531. )

**352—1941.** Aux arrêts cités ajouter : Arrêt de cass. du 6 août 1836, circ. n° 1566.

### VENTE DES MARCHANDISES SAISIES.

**353—1972.** Les sommes provenant de la vente ou de la remise, sous consignation, des moyens de transport saisis par les agents des douanes, ne sont dans aucun cas, passibles du *décime additionnel*. ( *Circ. du* 12 *décembre* 1836, *n°* 1586.)

### RESTITUTION DE LA VALEUR DES OBJETS VENDUS.

**354—1972.** En cas de saisie déclarée non fondée, à l'occasion de laquelle il y a eu vente provisoire, l'administration ne peut être tenue à restituer que le *prix de vente* des marchandises provisoirement vendues sur requête du juge, et non à restituer les objets, sinon leur valeur en argent. La seule indemnité à allouer, en pareil cas, est celle de 1 p. 0/0 par mois fixée par l'art. 16, titre 4 de la loi du 9 floréal an 7. ( *Arrêt de cass. du* 28 *décembre* 1835, *circ. n°* 1535. )

### VENTE APRÈS JUGEMENT DES OBJETS SAISIS.

**355—1983.** Lorsque des objets, non saisissables d'après les lois, sont arrêtés en même temps que des marchandises de fraude, on doit procéder par voie de *saisie-exécution*, pour obtenir l'autorisation d'affecter la valeur de ces objets au recouvrement des condamnations pécuniaires encourues. Il est établi, en pareil cas, un gardien des marchandises dont la saisie est poursuivie. ( *Circ.* 22 *novembre* 1836, *n°* 1580. )

### REVENDICATION DES OBJETS SAISIS.

**356—1989.** Ajouter à cet article : Ces principes ont été confirmés par deux nouveaux arrêts de cassation des 28 décembre 1835 et 23 juin 1836. ( *Circ. n°s* 1535 *et* 1557. )

### APPEL EN MATIÈRE CIVILE.

**357—2007** *bis.* L'appel, en matière civile, n'est recevable dans aucun cas après la huitaine de la signification du jugement, qu'il s'agisse ou non de saisie. (*Arrêt de cass. du* 23 *février* 1836, *circ. n°* 1544.)

## POURVOI EN CASSATION EN MATIÈRE CIVILE.

**358—2012.** Les pourvois déclarés au nom de l'administration par les receveurs dans les affaires qu'ils poursuivent, doivent toujours être *notifiés*, sous le plus bref délai possible, aux parties contre lesquelles ils sont formés. (*Circ. du* 16 *avril* 1836, *n°* 1540.)

## POURVOI EN CASSATION EN MATIÈRE CORRECTIONNELLE.

**359—2026.** Dans les affaires que les receveurs ont à poursuivre, les pourvois déclarés au nom de l'administration doivent toujours être *notifiés*, sous le plus bref délai possible, aux parties contre lesquelles ils sont formés. (*Circ. du* 16 *avril* 1836, *n°* 1540.)

## EXÉCUTION DES JUGEMENTS.

**360—2032.** La signification des jugements correctionnels, en matière de douanes, doit se faire, non d'après les dispositions des lois spéciales, mais en suivant les formes déterminées par le droit commun. (*Arrêt de cass. du* 6 *janvier* 1836, *circ. n°* 1545.)

**361—2035.** Ajouter à l'article : Le droit est d'un franc également pour les jugements faisant main-levée d'une saisie. (*Circ. du* 12 *juillet* 1836.)

**362—2035.** Dans toute affaire de quelque importance, aussitôt qu'en exécution d'un jugement devenu *définitif*, les marchandises saisies ont été vendues, on peut, sans attendre le recouvrement de l'amende, mettre en répartition le produit réalisé, sauf à tenir en réserve une somme prélevée sur ce même produit, pour couvrir les frais *judiciaires* et autres. Cette réserve et les amendes recouvrées font l'objet d'une répartition supplémentaire. (*Circ. du* 30 *janvier* 1836, *n°* 1525.)

## RÉPARTITIONS.

### SAISIES FAITES CONCURREMMENT AVEC LES EMPLOYÉS DES CONTRIBUTIONS INDIRECTES.

**363—2036.** Dans toute saisie opérée à la requête de l'administration des contributions indirectes, concurremment par les préposés de la régie et ceux des douanes, le partage se fait par tête et sans aucune acception de grade de part ni d'autre. Le même mode est suivi dans les saisies opérées par les agents des deux services, pour contravention aux lois de douanes. (*Circ. du* 14 *décembre* 1836, *n°* 1587.)

*Additions et rectifications.*

## FORME A DONNER AUX PROCÈS-VERBAUX.

**364—1941.** Au lieu de : Arrêt du 27 décembre 1834, lire : 20 décembre.

## ASSIGNATION ET CITATION.

**365—1947.** Au lieu de : Arrêt de cassation du 3 messidor, lire : 2 messidor.

## VENTE DES MARCHANDISES.

**366—1969.** Ajouter au titre cité : Circ. du 23 février 1832, n° 1306.

**367—1973.** Au lieu de : Loi du 28 avril 1816, titre 3, art. 65, lire : titre 6, art. 67.

## INDICATEURS.

368—1986. Les employés doivent s'attacher à obtenir, des indicateurs auxquels ils ont recours, des renseignements sur les moyens mis en usage par les fraudeurs pour déjouer la surveillance des douanes, le nombre des agents intéressés à la réussite de la contrebande, leurs noms, leurs facultés pécuniaires, etc. (*Circ. du* 29 *octobre* 1825, *n°* 948.)

## REVENDICATION DES OBJETS SAISIS.

369—1989. On a imprimé : Titre 5, art. 12, il faut : Titre 12, art. 5.

## PROCÉDURE.

370—2012. Au lieu de : Titre 13, art. 17, lire : Titre 3, art. 17.

371—2035. Le droit fixe d'un franc, à percevoir sur les jugements portant condamnation pour contraventions aux lois de douanes, est applicable aux jugements qui rejettent les conclusions de la douane, aussi bien qu'à ceux qui prononcent une condamnation à son profit. (*Circ. du* 12 *juillet* 1836, *n°* 1549.)

372. Page 271, 24e ligne. On a imprimé : décision du 2 pluviose ; il faut mettre : 26 pluviose.

## RÉPARTITIONS.

373. Page 272, ligne 7. La coopération des femmes visiteuses à une saisie de marchandises doit être mentionnée dans les procès-verbaux. Ces personnes figurent dans les états de répartition, et si elles sont femmes de préposés, la portion qui leur est attribuée est passible de la retenue pour les retraites, sinon elles reçoivent leur part sans prélèvement de cette retenue. (*Circ. du* 25 *octobre* 1827, *n°* 1068.)

374. Page 274, 4e ligne. Pour les saisies de poudres à feu faites *à l'importation*, la répartition a lieu comme le veut l'article 23 de la loi du 13 fructidor an 5 (modèle joint à la circ. du 28 octobre 1809). La moitié revenant aux employés, après la retenue pour les retraites, comprend, non seulement le prix de la marchandise, mais encore le montant de l'amende. (*Circ. du* 9 *avril* 1829, n° 1155.)

Pour celles faites à la requête des contributions indirectes, le produit des amendes et confiscations est attribué aux saisissants, conformément aux décrets des 24 août 1812 et 16 mars 1813 (*Même circ.*)

375. Page 274, 3e ligne, au lieu de : Décision adm. du 8 octobre, lire : 28 octobre.

376. Page 274, 10e ligne, on a imprimé : 27 septembre, il faut : 27 août.

## SOUS-RÉPARTITIONS.

377. Page 274, 24e ligne. Lorsqu'il y a lieu d'établir des sous-répartitions de sommes provenant de contraventions constatées dans d'autres directions, pour non rapport d'acquits-à-caution, non visa au bureau de 2e ligne, etc., il faut rédiger autant de sous-répartitions qu'il y a d'acquits ou de circonstances ayant donné lieu à une contravention. (*Lettre de la comp. générale du* 27 *novembre* 1833.)

## APPROBATION DES RÉPARTITIONS.

378. Page 274. Les états de répartition pour les saisies faites dans l'intérieur, et qu'arrêtent les directeurs des douanes, sont soumis à l'approbation de l'administration,

quoique la somme à répartir n'atteigne pas 500 fr. (*Ordon. du* 17 *juillet* 1816, *art.* 8, *lettre adm. du* 27 *septembre* 1831.)

Lorsque des frais sont à prélever sur le produit des saisies ordinaires et autres, un état de ces frais est annexé à la répartition envoyée à l'administration. (*Lettre adm. du* 30 *décembre* 1830, *et* 27 *janvier* 1834.)

# TITRE XVIII.

## ADMISSION DANS LES BUREAUX ET DANS LES BRIGADES.

---

*Changements, ou modifications, survenus en* 1836.

Néant.

*Additions et rectifications.*

### SURNUMÉRAIRES.

379—2043. Un candidat au surnumérariat ne peut être admis à subir l'examen de capacité, avant 18 ans, ni après 24 ans. (*Lettre admin. du* 4 *août* 1834, *et* 9 *février* 1836.)

Il est fait exception, toutefois, à cette dernière règle, en faveur des employés du service actif qui demandent à passer dans les bureaux. (*Lettre adm. du* 4 *février* 1835.)

La demande du postulant doit être écrite de sa main ; toutes les pièces y annexées doivent être paraphées par les examinateurs. (*Lettre adm. du* 17 *mai* 1834, *et circ. n°* 1214.)

### ADMISSION DANS LES BRIGADES.

380—2057. On a imprimé : Loi du 21 avril 1818, art. 14, il faut : art. 40.

381—2061. Au lieu de : Réglement du 23 février, lire : 25 février.

### AGENTS FAISANT LA CONTREBANDE, ETC.

382—2065. Au lieu de : Loi du 8 floréal an 11, lire : 13 floréal an 11.

383—2066. Un préposé, sous-brigadier ou brigadier des douanes, qui, après avoir été surpris faisant ou favorisant la contrebande, a été, pour ce fait, révoqué de ses fonctions par le directeur, a cessé, d'après cette mesure, d'appartenir à l'administration ; conséquemment, une autorisation de le poursuivre n'est plus nécessaire; rien ne peut empêcher, à son égard, l'action du ministère public. (*Lettre adm. du* 18 *octobre* 1836.)

384—2067. Un préposé des douanes peut être arrêté, comme tout autre citoyen, lorsqu'il s'agit d'un fait étranger à ses fonctions, tel que vol, escroquerie, etc.; en pareil cas, les chefs de service qui sont avertis par le ministère public, ne doivent pas s'opposer à l'arrestation. (*Lettre adm. du* 24 *février* 1824.)

Afin d'éviter que l'obligation d'obtenir une autorisation du gouvernement, lorsqu'elle est nécessaire pour une arrestation, ne devienne la sauve garde d'agents coupables en leur donnant le temps de s'évader, les chefs de service peuvent faire provisoirement détenir les individus prévenus de délits graves, tels que blessures et meurtres non nécessités par le cas de légitime défense, corruption, prévarication, etc.; ils s'entendent, à cet effet, avec le préfet, et demandent l'incarcération provisoire. (*Circ. du* 7 *avril* 1807.)

# TITRE XIX.

## OBLIGATIONS PARTICULIÈRES AUX EMPLOYÉS, AVANTAGES, ETC.

*Changements, ou modifications, survenus en* 1836.

### OBLIGATIONS DIVERSES.

385—2089. Lorsque les préposés des douanes sont appelés à comparaître devant les tribunaux pour y être entendus en témoignage, le ministère public doit prévenir les directeurs des citations qu'il a été dans le cas de donner. (*Circ. du* 9 *mars* 1836, *n°* 1532.)

386—2089. Les militaires et les jeunes soldats employés dans les douanes, qui font partie de la réserve, ne cessent pas d'être disponibles pour ce service; dans aucun cas, ils ne peuvent se dispenser d'obéir aux ordres donnés par l'autorité militaire. (*Décis. minist. rappelée par la circ. du* 6 *décembre* 1836, *n°* 1583.)

387—2094. Les receveurs des douanes sont autorisés à donner aux agents des ›› butions directes toutes les explications qui leur permettent de s'assurer que l'exécution des lois sur les patentes n'est pas éludée, et à leur communiquer, au besoin, sans déplacement, leurs registres. (*Circ. du* 14 *novembre* 1836, *n°* 1579.)

### FRANCHISES ET CONTRE-SEING.

388—2116. Dans les lieux où la correspondance relative au service des douanes ne peut être transportée par les préposés de brigades, ce transport est fait par l'administration des postes en franchise, lorsque les paquets sont mis *sous bandes*. (*Décis. minist. des* 5 *septembre* 1827, 11 *août* 1831, *et* 4 *mai* 1832 ; *et Circ. n°s* 1063, 1164 *et* 1280.)

Sont autorisés à correspondre, en franchise, *sous bandes*, dans les circonscriptions indiquées :

« 1° Entre eux, les directeurs des douanes;

« 2° Entre eux, les inspecteurs des douanes;

« 3° Entre eux, les sous-inspecteurs divisionnaires des douanes;

« 4° Entre eux, les contrôleurs des brigades des douanes;

« 5° Entre eux, les capitaines des brigades des douanes;

« 6° Les contrôleurs des brigades avec les capitaines des brigades des douanes;

« 7° Entre eux, les lieutenants principaux des douanes;

« 8° Entre eux, les lieutenants d'ordre des douanes;

« 9° Les lieutenants principaux avec les lieutenants d'ordre;

« 10° Entre eux, les brigadiers des douanes;

« 11° Les receveurs principaux des douanes, entre eux; avec les directeur, inspecteur et sous-inspecteur sous lesquels ils sont placés; avec les contrôleurs de brigades « compris dans leur arrondissement, et avec les capitaines de brigades.

« 12° Les lieutenants principaux, lieutenants d'ordre et brigadiers des douanes, avec » les directeur, inspecteurs, sous-inspecteurs divisionnaires, contrôleurs et capitaines « de brigades sous lesquels ils sont placés.

« 13° Les lieutenants principaux et les lieutenants d'ordre, avec les brigadiers placés sous leur commandement (1). (*Décis. minist. du* 30 *janvier* 1836, *circ. n°* 1537, *circ. du* 17 *décembre* 1836, *n°* 1589.)

389—2119. Les chefs ou employés jouissant de la franchise ne sont pas tenus de déposer leurs dépêches exclusivement au bureau de leur résidence ; il leur est loisible de la remettre dans le cours de leurs tournées. Ceux n'ayant pas de bureau de poste là où ils résident, peuvent déposer ou faire déposer leurs lettres dans la boîte rurale. (*Circ. du* 17 *décembre* 1836, *n°* 1589.)

390.—2119 *bis*. L'administration des douanes ne peut faire transporter par ses propres agents, aucune lettre, aucun papier, ou autres objets de correspondance, qu'aux conditions ci-après :

1° Les lettres, papiers ou autres objets de correspondance, doivent être contresignés par un de ces fonctionnaires ou préposés ci-dessus désignés, et *ne peuvent, dans aucun cas, être adressés qu'à des agents de l'administration des douanes, ou à d'autres fonctionnaires publics.*

2° Ces lettres, ou autres objets, sont inscrits sur un *part* qui les suit jusqu'à destination, et qui indique : 1° le nom du préposé porteur de dépêches ; 2° le lieu d'où il part, l'itinéraire qu'il doit suivre, et sa destination ; 3° le nombre des dépêches dont il est porteur ; 4° l'adresse de ces dépêches, et le contre-seing dont chacune d'elles est revêtue.

3° Les dépêches ainsi transportées sont enfermées dans des sacs ou portefeuilles garnis de serrures, dont une double clef est remise aux agents des postes désignés par le directeur de cette administration. Ces sacs ou portefeuilles, ainsi que les *parts* portant description des lettres y contenues, doivent être représentés aux préposés des postes, à toute réquisition de ces préposés, qui en vérifient l'état, saisissent les objets transportés en contravention aux dispositions précédentes, et constatent leurs saisies par des procès-verbaux non sujets au timbre ni à l'enregistrement.

4° Les lettres et objets saisis sont envoyés immédiatement avec une expédition du procès-verbal, au directeur de l'administration des postes, qui en rend compte au ministre des finances. (*Déc. du* 30 *janvier* 1836, *Circ.* n° 1537.)

*Additions et rectifications.*

## SERMENT.

392—2072. Le serment qui est imposé par la loi avant d'entrer en fonctions est inscrit sur la commission de l'employé. La délivrance, à cet agent, d'une expédition de l'acte de prestation n'est pas nécessaire. (*Loi du* 22 *août* 1791, *titre* 13, *art.* 12 ; *déc. minist. du* 8 *décembre* 1812 *et* 27 *avril* 1813, *rappelées au journal de l'Enregistrement.*)

## OBLIGATIONS DIVERSES.

392 *bis*—2082. Les agents et préposés qui exigent ou reçoivent pour le plombage des colis présentés en douane, d'autres ou plus fortes rétributions que celles fixées par la loi, encourent la peine de la destitution. (*Ordonn. du* 30 *décembre* 1827, *art.* 5.)

---

(1) En demandant la franchise pour la correspondance entre eux des différents chefs du service de grade égal, il n'est point entré dans la pensée de l'administration que cette franchise pût s'étendre à la correspondance entre tous indistinctement. On a entendu seulement demander qu'elle fût autorisée pour les chefs de divisions contiguës, soit sur une même ligne, soit d'une ligne à l'autre ; par exemple, pour la correspondance du directeur de Dunkerque avec ses collègues de Valenciennes et Boulogne ; de l'inspecteur de Dunkerque avec les inspecteurs de Bailleul et Calais, etc. (*Circ. n°* 1537.)

### SAUVEGARDE ET FORCE PUBLIQUE.

393—2036. Lorsque les préposés ont été dans le cas de réclamer le secours de la force armée, les chefs locaux ont à donner connaissance à l'autorité militaire des faits importants dont le service des douanes, protégé par la force publique, a pu acquérir la connaissance, et qui sont de nature à intéresser la sûreté de l'état. (*Lettre administrative du 12 février* 1831.)

394—2086. On a imprimé : Loi du 22 août 1291, art. 21 ; il faut : 22 août 1791, art. 22.

395—2097. Les préposés placés près des côtes maritimes pour en garder l'abord, doivent informer immédiatement l'autorité militaire des signaux suspects, ou de toutes autres manœuvres quelconques qu'ils auraient aperçues sur les points où ils exercent leur surveillance. (*Lettre administrative du 5 mars* 1831.)

### TRAITEMENTS DES EMPLOYÉS.

396—2108. L'acte par lequel on exerce une saisie sur le traitement des employés, doit contenir l'énonciation du titre en vertu duquel on agit et indiquer la somme due. Si l'exploit est fait en vertu de l'ordonnance du juge, l'ordonnance doit énoncer la somme pour laquelle la saisie ou opposition est faite, et il est donné copie de l'ordonnance en tête de l'exploit. (*Code de procédure, art.* 559.)

Par le mot *traitement* employé dans la loi, on doit entendre non seulement les appointements fixes, mais encore les gratifications ou remises, qui, dans certains cas, complètent le traitement des agents de l'administration. (*Déc. min. du* 12 *mars* 1811.)

397—2114. Les pensions de retraites dont jouissent les employés, sont insaisissables pour le fait de créances envers les particuliers, mais elles peuvent être frappées d'opposition :

1° Pour cause de débet envers l'état (un cinquième) ;

2° Pour cause de provision alimentaire réclamée par la femme ou les enfans. (*Code de procédure civile, art.* 582, *et jugement du tribunal de première instance de Rouen du* 23 *décembre* 1835.)

### INDEMNITÉS ET GRATIFICATIONS.

398—2120. Au 2° on a imprimé : Décis. du 2 février ; il faut mettre : 12 février.

*Nota.* Lorsqu'il y a arrestation de déserteurs appartenant aux troupes de terre, on observe, relativement au procès-verbal que rédige l'officier de gendarmerie de la brigade voisine, ce que prescrit la circulaire du 20 février 1811.

Les marins appartenant à l'inscription maritime sont remis au commissaire ou autre agent de la marine. (*Circ. du* 14 *mai* 1813.)

399—2121. A la 2e ligne, au lieu de : Voir n° 467, mettre : Voir n° 459.)

# TITRE XX.

## MATÉRIEL.

*Changements, ou modifications, survenus en* 1836.

Néant.

*Additions et rectifications.*

### EMBARCATIONS ET OBJETS MOBILIERS.

400—2129. Lorsque les dépenses nécessitées par le service pour achat d'ustensiles, réparations, etc., n'excèdent pas 50 francs, les directeurs peuvent, d'office, les autoriser.

L'administration se réserve, toutefois, de les rejeter, lorsqu'elles ne sont pas justifiées dans les formes voulues par les instructions. (*Circ. du* 14 *mai* 1832, *n°* 1318.)

Les devis relatifs aux dépenses, administratives faits en double expédition s'il s'agit de dépenses au dessous de 50 francs et en triple expédition lorsqu'ils dépassent cette dernière somme, doivent être formés séparément : 1° pour les réparations à faire aux maisons et bâtiments ; 2° pour les réparations à faire aux meubles et ustensiles ; 3° pour les achats d'objets mobiliers. (*Lettres admin. des* 7 *mars* 1833 *et* 24 *juin* 1836.)

Ces actes doivent engager d'une manière explicite les entrepreneurs pour la confection des travaux ; indiquer l'époque à laquelle ces mêmes travaux commenceront, et celle à laquelle ils seront achevés. Ils doivent aussi contenir la condition expresse que l'entrepreneur soumettra les ouvrages, ou fournitures, à l'acceptation des chefs de service. (*Lettre admin. du* 5 *juillet* 1836.)

401—2132. Aucun mémoire remis par un fournisseur ou par un ouvrier, qui se trouve graté ou surchargé, ne peut être admis par les receveurs principaux ou contrôleurs de brigades. (*Lettre de la comptabilité générale du* 26 *décembre* 1833.)

402—2133. C'est dans le commencement du mois de juin que les devis, qui sont formés pour les travaux de radoubs, doivent être soumis à l'administration. Dans la rédaction de ces actes, il ne doit être fait mention que de mesures métriques (mètre, kilogramme, litres, etc.). *Lettres administratives du* 30 *juillet* 1833 *et* 21 *avril* 1834.)

Il est formellement défendu d'employer comme ouvriers, au radoub des embarcations des douanes, des préposés ou autres agens de l'administration. (*Lettre administrative du* 26 *novembre* 1835.)

403—2135. Lorsque les objets mobiliers que l'on remplace (embarcation, canot, meuble, etc.) ont été perdus ou brisés, et qu'il n'y a, par suite, aucune valeur à défalquer sur le montant de la dépense réclamée, on doit faire mention, au pied du devis, des causes de la non cession de ces objets. (*Lettre admin. du* 25 *octobre* 1833.)

## OBJETS DE PLOMBAGE.

404—2136. Quand des barils de flans parviennent dans un bureau de douanes, on doit en faire immédiatement la vérification. Si les flans sont trouvés défectueux, on en dresse procès-verbal ; cet acte est adressé à l'administration et le baril est renvoyé aux frais du fournisseur. (*Lettre admin. du* 26 *mai* 1832.)

Les variations dans le nombre des flans ne doivent pas excéder 10 par 2,000. Si, après une vérification exacte, on reconnaît des différences plus considérables, on les constate, et les barils sont renvoyés à l'administration, qui fait opérer le remplacement aux frais du fournisseur. (*Lettres administratives des* 17 *octobre* 1833 *et* 25 *octobre* 1834.)

## CIRCULAIRES.

405—2137. Les directeurs, inspecteurs, receveurs principaux, sous-inspecteurs, contrôleurs et capitaines de brigades, sont tenus de faire cartonner, à leurs frais, les circulaires qui leur ont été adressées pour le service. Les lieutenants principaux et les lieutenants d'ordre sont invités à employer également ce moyen de conservation. (*Circ. du* 21 *janvier* 1832, *n°* 1298.)

406—2138. Au lieu de : Voir titre XXI, chapitre X, mettre : voir titre XXII, chapitre XII.

407. Page 291, 5ᵉ ligne, on a imprimé : Loi du 28 avril 1810 ; il faut : 1816.

# TITRE XXI.

## SERVICE DANS LES DÉPARTEMENTS (BUREAUX).

*Changements, ou modifications, survenus en* 1836.

### PRODUITS DU PLOMBAGE.

408—2179. La répartition du produit des plombs entre les divers employés des douanes est modifiée, à partir du 1er janvier 1837, de la manière suivante :

1° La part des aides-vérificateurs est portée au 1/3 de part;

2° Les commis de recette et les commis aux expéditions sont admis dans la répartition. Dans les bureaux où il y a plusieurs commis de recette, le premier commis a 1/3 de part; les autres commis de recette et les commis aux expéditions ont 1/6e;

3° Les commis supplémentaires ne sont pas admis dans la répartition;

4° En cas d'absence par congé avec demi-solde, la part des plombs est réduite à moitié; l'autre moitié est reversée à la masse et répartie avec elle. (*Circ. du* 29 *décembre* 1836, *n°* 1594.)

### ETATS DE COMMERCE.

409—2202. Aux circulaires citées il faut ajouter : Circ. du 25 janvier 1836, n° 1523.

### ETATS DE CABOTAGE.

410—220*bis*. Il est ouvert, par les receveurs des douanes, dans chaque port d'*expédition*, pour chacun des ports de *destination*, un cahier de dépouillement (modèle n° 1er, série E, n° 41 *bis*) sur lequel sont inscrites, jour par jour, les quantités, par espèce, de marchandises portées aux acquits-à-caution et passavants de cabotage délivrés au bureau.

Il est fait un relevé séparé du cabotage qui a lieu entre les ports situés dans la même mer, et celui qui s'effectue d'un port de la Méditerranée dans un port de l'Océan, et *vice versâ*. (*Circ. du* 30 *décembre* 1836, *n°* 1595.)

Les additions du cahier de dépouillement sont faites par mois, puis récapitulées par semestre et par année. Au moyen de ces éléments, le receveur rédige un état (modèle n° 2, série E, n° 45 *bis*, 2e partie) présentant, dans un 1er chapitre, les marchandises expédiées à destination des ports situés dans la même mer, et, dans un second chapitre, celles allant d'une mer dans l'autre. Les ports sont indiqués dans leur ordre géographique. (*Même circ.*)

Il est formé ensuite, pour chaque port de destination, par semestre et par année, un résumé (*modèle n°* 3, *série* E, *n°* 45 *bis*, 1re *partie*) destiné à offrir l'ensemble des expéditions effectuées par un même port, et à faire connaître les principaux points de consommation qu'il alimente habituellement. ( *Circ.* 30 *décembre* 1836, *n°* 1595.)

Les états de semestre et d'année sont certifiés par les receveurs. Ils sont visés par les inspecteurs, ou, en leur absence, par les sous-inspecteurs, qui, par de fréquentes vérifications, s'assurent que ces documents sont formés avec exactitude. (*Même circul.*)

*Additions et rectifications.*

CAISSE DES DÉPOTS ET CONSIGNATIONS.

411—2172. Ajouter ce § : Remettre au receveur des finances, pour chaque versement, un bordereau des sommes versées, indiquant l'origine des fonds et le nom des ayant-droit, et réclamer de ce receveur une déclaration de versement pour être jointe aux demandes ultérieures de remboursement. (*Circ. de la comptabilité générale du* 21 *décembre* 1835.)

IMPORTATIONS.

412. Page 304. 29e ligne. Au lieu de : Voir n° 387, mettre : Voir n° 389.
413. Page 305. 5e ligne. Au lieu de : Voir n° 426, mettre : Voir n° 428.
414. Page 305, 33e ligne. Au lieu de : N° 639, mettre : N° 643.

MATÉRIEL.

415—2201. On a imprimé : Circulaire du 19 octobre, mettre : 22 octobre.

# TITRE XXII.

## SERVICE DANS LES DÉPARTEMENTS (BRIGADES).

*Changements, ou modifications, survenus en* 1836.

MASSES.

416—2172 *ter*. Les prélèvements à exercer sur l'actif de masse des préposés à demi-solde, d'après l'article 34 du règlement du 25 février 1815, sont réduits à moitié. (*Circ. du* 14 *septembre* 1836, *n°* 1564.)

417—2275. A l'époque du renouvellement des marchés passés pour la fourniture des effets d'habillement ou d'équipement nécessaires aux employés, les directeurs doivent adresser à l'administration, pour chacune de ces espèces de fournitures, et six semaines avant la date de l'adjudication, deux copies du cahier des charges : l'une est conservée à l'administration ; l'autre est déposée à la douane de Paris. (*Circ. du* 23 *mai* 1836, *n°* 1545.)

*Additions et rectifications.*

418—2222 1er §. Au lieu de : Loi du 22 août 1791, titre 13, art. 2, mettre : titre 2, art. 13.

EMPLOYÉS BLESSÉS ÉTANT EN SERVICE.

419—2264 *bis*. Tout employé blessé *dans l'exercice et pour cause de ses fonctions*, que la blessure soit le résultat d'un accident ou la suite d'un engagement avec les fraudeurs, a droit au bénéfice de l'article 7 de la loi du 21 avril 1797 : les sommes nécessaires à son traitement et à sa guérison sont ordonnancées par l'administration, sur le fonds du budget affecté à cet objet de dépense. (*Circ. du* 15 *mars* 1833, *n°* 1377.)

Tous les événements majeurs survenus dans l'exécution du service et à l'occasion des quels la vie des préposés s'est trouvée en danger, doivent être immédiatement constatés par procès-verbaux réguliers bien circonstanciés. (*Circ. du* 2 *décembre* 1809.)

Voir, pour les pièces à produire, la circ. n° 1377.

ARMES.

420—2279. La demande des cartouches, nécessaires à l'armement des préposés, est faite par les directeurs aux colonels-directeurs d'artillerie, lesquels les livrent, sans paiement, d'après les tarifs de l'artillerie. Un procès verbal de livraison que dresse le colonel, et que vise le sous-intendant, est joint au compte de compensation à établir. (*Circul. du* 4 *février* 1818; *lett. admin. du* 13 *juin* 1831.)

Les cartouches livrées sont payées à raison de 60 fr. le mille. Il est fait aux préposés, à qui elles sont remises, une retenue sur leurs appointements pour en acquitter le prix. Le montant de ces retenues est versé par les contrôleurs de brigades aux receveurs principaux dans l'arrondissement desquels ces contrôleurs sont placés. (*Lett. admin. des* 14 *mai* 1834 *et* 15 *novembre* 1836.)

BON DE MASSE.

421—2284. Le bon de masse n'a pas seulement pour objet de couvrir les dépenses extraordinaires et imprévues, il est également destiné à secourir des employés nécessiteux, leurs veuves ou leurs enfans. Les demandes de secours, faites à l'administration par les directeurs, doivent être appuyées par les chefs locaux. (*Lett. admin. du* 15 *décembre* 1821.)

# TITRE XXIII.

## AGENTS DE SURVEILLANCE.

*Changements, ou modifications, survenus en* 1836.

Néant.

*Additions et rectifications.*

EMBARQUEMENTS.

422—2297. On a imprimé : Circ. du 3 février, mettre : Circ. du 13 février.

423—2301. Au lieu de : Circ. du 20 décembre 1833, lire : 1823.

MATÉRIEL.

424—2308. Les deux 1[res] lignes, jusqu'au mot *Successeurs*, appartiennent à l'article 2307.

INSPECTION GÉNÉRALE.

425—2338. Au *Nota*, l'instruction citée est du 30 janvier 1817, et non du 30 janvier 1818.

# TABLE DES MATIÈRES.

Les chapitres ci-après ont été ajoutés à la table des matières du RÉSUMÉ.



# TABLE ALPHABÉTIQUE.

*Nota.* Les mots nouveaux que l'on trouvera ci-après, comme les additions faites à des mots déjà indiqués, peuvent facilement être reportés à la table générale du *Résumé*. De cette manière on n'aura qu'une seule table à consulter.

Le 1er numéro que l'on rappelle est celui de l'article du *Résumé* auquel la nouvelle disposition fait suite; le second numéro, précédé d'une S, est celui du *Supplément*.

## P



## R



## S



## T

## V

www.ingramcontent.com/pod-product-compliance
Ingram Content Group UK Ltd.
Pitfield, Milton Keynes, MK11 3LW, UK
UKHW020353220726
13923UKWH00004B/1622

9 782329 056630